SCHOLASTIK

JOSEF PIEPER

SCHOLASTIK

Gestalten und Probleme

der mittelalterlichen Philosophie

KÖSEL-VERLAG MÜNCHEN

Gesamtauflage: 21 000

CIP-Kurztitelaufnahme der Deutschen Bibliothek
Pieper, Josef:
Scholastik : Gestalten u. Probleme d. mittelalterl. Philosophie / Josef Pieper. – 2., veränd. Aufl. – München : Kösel, 1986.
ISBN 3-466-40130-5

2., veränderte Auflage 1986

Gesamtherstellung: Kösel, Kempten
Umschlaggestaltung: Günther Oberhauser, München
ISBN 3-466-40130-5

CUIUS IN HORTULO

HUNC CONSCRIPSI LIBELLUM

FAUSTA PER QUINQUE LUSTRA CONIUNCTAE

CONIUGI DULCI

[23. APRIL 1960]

INHALT

Vorbemerkung 13

I

Das Schimpfwort von der »Zwischen-Zeit« – Die Grenze des Mittelalters gegen die Antike: das symbolische Jahr 529 – Christliche Philosophie – Die jungen Völker »lernen« das Überlieferte in seiner Sprache – Die Schwierigkeit, das »Ende« des Mittelalters zu bestimmen 17

II

Der im Niemandsland zwischen den Epochen angesiedelte Vermittler: Boethius – Seine Unbeirrbarkeit in der Auswahl des Übersetzenswerten: Platon und Aristoteles — »Die Tröstung der Philosophie« — Der »erste Scholastiker«: Verknüpfung von Glauben und Vernunfterkenntnis – Cassiodor und die neue »Freistatt«: das Kloster – Die Rettung des Saatguts 33

III

Das »östliche« Korrektiv wider den Rationalismus: Dionysius Areopagita – Das nicht enträtselte Pseudonym und seine Folgen. Johannes Eriugena – Negative Theologie – Thomas und Dionysius Areopagita 61

IV

Das Leben des Anselm von Canterbury – Der Glaubende auf der Suche nach dem Verständnis des Geglaubten: credo ut intelligam – Die Fragwürdigkeit der »zwingenden Gründe« – Das »anselmsche Argument« für die Existenz Gottes [Descartes, Kant, Hegel, Karl Barth] – Das Ja und Nein des Thomas von Aquin – Der Platoniker Anselm 75

V

Der »mittelalterliche Mensch«? – Drei Zeitgenossen von äußerster Verschiedenheit: Peter Abälard, Bernhard von Clairvaux, Johann von Salisbury – Abälards »Unglücks-Chronik« – »Von der ganzen Philosophie am meisten die Logik ...« – Neuer Aspekt der Verknüpfung von Glaube und Vernunft – Die heroische Aktivität des Bernhard von Clairvaux – Sein »philosophisches« Interesse: das Heilsein des Menschen – Der Mystiker: »Die Seele sucht das WORT« – Johann von Salisbury: angelsächsische Empirie gegen logischen Formalismus und metaphysische Spekulation 105

VI

Hugo von St. Viktor: die erste »Summa« des Mittelalters – Sentenzenbücher – Petrus Lombardus: das philosophisch-theologische Schulbuch des Mittelalters, ein »Augustinus-Brevier« – Die Sentenzen-Kommentare .. 129

VII

Die Erschütterung der platonisch-augustinischen Weltansicht: Aristoteles wird ins Lateinische übersetzt – Der Umweg über die Araber. Die großen Aristoteles-Kommentatoren – Die unhemmbare Dynamik der Aristoteles-Rezeption: das Nebeneinander von Verbot und Förderung 137

VIII

Der erste »Aristoteliker«: Albertus Magnus – Der aufs Ganze gehende Ausgriff – Der Mann der Erfahrung: Pflanzenbuch und Tierbuch – Primat des Sach-Wissens – Neue Erschwerung der Verknüpfung von *fides* und *ratio* 149

IX

Das Zusammendenken von Schöpfungswirklichkeit und Glaubenswirklichkeit: Thomas von Aquin – Der kurze Augenblick des gedanklichen Ausgleichs – »Mittelalterlicher Augustinismus« und »heterodoxer Aristotelismus« – Siger von Brabant: Faszination durch die ins Unendliche erforschbare Welt – Die »doppelte Wahrheit«: das Ende des Mittelalters kündigt sich an – Der Historismus in der Philosophie 161

X

Die Verurteilung von 1277: Wendepunkt der Scholastik – Anscheinend eine Intrige, dennoch ein unvermeidlicher Akt – »Verurteilungen« überhaupt – Lähmung der freien Auseinandersetzung – »Schulen«: Hindernisse für das echte Streitgespräch – Das Ende des »Honigmonds« 173

XI

Die »zwingenden Gründe« Anselms und das »griechische Notwendigkeitsdenken« – Die unerläßliche Korrektur: Freiheit – Das Grundwort des Duns Scotus – Soweit die göttliche Freiheit reicht, gibt es keine philosophische Spekulation — Was heißt »Voluntarismus«? — »Kritische« Philosophie und »biblische« Theologie – Die Überspringung der Schöpfungswirklichkeit — Der Schritt aus dem Mittelalter hinaus: Wilhelm von Ockham – »Absolute Freiheit Gottes« und Empirismus — Die Scheidung von *fides* und *ratio:* das Ende des Mittelalters ... 185

XII

Die Frage nach der Gegenwärtigkeit des Vergangenen – Erstens: das »scholastische« Erlernen des Überlieferungsbestandes. Die »Großen Bücher« – Zweitens: Ausschau nach dem freien Hegungsraum der *theoria* inmitten der modernen Arbeitswelt – Drittens: die Aktualität »christlicher Philosophie«. Die Unwiederholbarkeit der »Summa«. Verzicht auf die Schließung des Weltbildes. Das allseits offene Streitgespräch als Form der Universalität. Der Vorrang der Theologie ist nicht »mittelalterlich«. – Der heute philosophierende Christ kann nicht die mittelalterliche, er muß seine eigene Antwort geben 207

Literatur-Hinweis 225

Anmerkungen 227

Zeittafel 247

Register 251

Graphische Darstellung der Zeittafel am Schluß des Bandes

Vorbemerkung

Zwar spricht der Titel dieses Buches nicht von »den« Gestalten und Problemen der mittelalterlichen Philosophie; aber es mag gut sein, sogleich ausdrücklich zu sagen, daß die folgende Darlegung sich nicht unter den Gesichtspunkt der historischen Vollständigkeit stellt. Träfe das zu, dann könnte mit Recht eingewendet werden, daß einzelne bedeutende Gestalten [zum Beispiel Roger Bacon, Bonaventura, Raymundus Lullus] übergangen oder mindestens zu kurz gekommen seien.

Dennoch hat das Buch es mit einem klar abgrenzbaren, einheitlichen und »runden« Gegenstand zu tun. Dieser Gegenstand ist die, über alle Epochen hinweg, immerwährende Aufgabe, die sich hinter dem mit vielerlei Mißdeutung befrachteten Fachwort »Scholastik« verbirgt. Und die These ist, daß diese Aufgabe in der mittelalterlichen Philosophie auf paradigmatische Weise in Angriff genommen worden sei, das heißt, auf eine Weise, die in gar keinem Fall wiederholt und nachgeahmt werden kann, die aber gleichwohl den heute philosophierenden Christen, und nicht nur ihn, noch immer unmittelbar betrifft. Die erregende Vielgestaltigkeit der Jahrhunderte zwischen Boethius und Wilhelm von Ockham soll natürlich durchaus vor die Augen kommen. Im Grunde aber ist es allein jene unerschöpfte Aktualität des Mittelalters, worauf die Beschreibung des Gewesenen zielt.

Man wird vielleicht mit Verwunderung bemerken, daß unter den folgenden Kapiteln keines ist, in welchem nicht von Thomas von Aquin die Rede wäre, aber auch keines, das ihn allein zum Gegenstand hat. Hierzu ist zu sagen: Einerseits soll in der Tat die folgende Darstellung deutlich machen, wie das Vielerlei der gedanklichen materia, *das vor Thomas getrennt zueinander strebt und nach ihm sehr bald wieder auseinanderbricht, für einen kaum meßbaren geschichtlichen Augenblick durch die Ordnungsenergie des »allgemeinen Lehrers« zu einem einzigen antlitzhaften Gefüge organisiert worden ist. Anderseits ist die auf solche Weise in der Mitte des Buches entstandene Lücke mit Bedacht wie eine von außen her ausgesparte Hohlform freigelassen worden: an dieser »leeren Stelle« hat die Darstellung der Gestalt des heiligen Thomas ihren Platz, die in einer andern Schrift[1] unternommen worden ist.*

Für das vorliegende Buch gilt im übrigen uneingeschränkt, was auch schon für das frühere gesagt worden ist: es handelt sich um nichts weiter als um eine Einführung, die dankbar die Ergebnisse der historischen Scholastikforschung voraussetzt und zu nutzen sucht.

... im Evangelium, diesem unvergänglichen Leitfaden wahrer Weisheit, mit welchem nicht allein eine ihre Spekulation vollendende Vernunft zusammentrifft, sondern daher sie auch ein neues Licht in Ansehung dessen bekömmt, was, wenn sie gleich ihr ganzes Feld durchmessen hat, ihr noch immer dunkel bleibt, und wovon sie doch Belehrung bedarf.

Immanuel Kant

I

Wer heute »Mittelalter« sagt, pflegt nicht mehr unmittelbar wahrzunehmen, daß dieser Name ursprünglich so etwas wie ein Schimpfwort gewesen ist; wie wir ja auch nichts mehr darin finden, die Kathedralen von Paris und Köln »gotisch« zu nennen, obwohl auch dies zu Anfang ausdrücklich soviel bedeutet hat wie »barbarisch«. *Media aetas, medium aevum*[1]*:* das sind, vor vier Jahrhunderten, durchaus verächtlich gemeinte Namen; sie sollen die »Zwischenzeit« benennen, eine Art Wartezeit, in der nichts von Bedeutung geschieht, eine uneigentliche Epoche, ein »Intermezzo« zwischen zwei »eigentlichen« Zeitaltern, nämlich zwischen der griechisch-römischen Antike einerseits und der »Neuen Zeit« anderseits. Dieser selbstgewählte Name spricht das Selbstverständnis des Zeitalters aus; er ist weithin so gemeint, daß da wirklich, als wäre »zwischendurch« nichts gewesen, einfachhin eine »Renaissance«, ein Wiederaufleben der klassischen Antike geschehe. So rühmt Descartes' Grabinschrift in St. Germain-des-Prés zu Paris den »*Wieder*begründer der Wissenschaft« [*reconditor doctrinae*] und den »Ersten«, der die Rechte der menschlichen Vernunft verteidigt habe – den Ersten, natürlich nicht schlechthin, sondern seit dem Untergang der antiken Welt.

Solche Wertung des Mittelalters, vor allem seiner Philosophie und Wissenschaft, hat sich, wie man weiß, lange durchgehalten. Noch bei Hegel, in den Vorlesungen zur Geschichte der Philosophie, heißt es, er wolle, um rasch »wegzukommen« über die tausend Jahre zwischen dem sechsten und dem sechzehnten Jahrhundert, »Siebenmeilenstiefel anlegen«[2]. Und als er dann glücklich zu Descartes vorgedrungen ist, sagt er, nun könne er »wie der Schiffer... ›Land‹ rufen«[3]; es sei »keinem Menschen zuzumuten«, die Philosophie des Mittelalters unmittelbar, »aus Autopsie«, kennenzulernen, »da sie ebenso umfassend als dürftig, schrecklich geschrieben und voluminös ist«[4]. – Das Pendel schwingt freilich, in diesen gleichen ersten Jahrzehnten des neunzehnten Jahrhunderts, sogleich auch kräftig nach der anderen Seite aus: in der unterschiedslosen Überschätzung alles Mittelalterlichen durch die Romantiker.

All dies ist heutigentags mehr oder weniger vergessen, glücklicherweise. Zum mindesten sind wir ganz neu in den Stand gesetzt, den Begriff »Mittelalter«, vor allem die Gestalten und Probleme der mittelalterlichen Philosophie, unbefangen und ohne positive oder negative Vorweg-Wertung ins Auge zu fassen – nicht zuletzt dank der gewaltigen Forschungsarbeit, die seit einigen Jahrzehnten der Aufschließung dieser Epoche zugewendet worden ist.[5]

*

Alle Dinge haben ihre Gestalt durch ihre Grenze. Wer ihre Gestalt erkennen will, muß die Grenze betrachten, durch welche sie sich absetzen gegen das Andere um sie her. Wenn die mittelalterliche Philosophie eine eigene geschichtliche Gestalt von unterschiedener Prägung besitzt, dann muß dies gleichfalls am deutlichsten dem zu Gesicht kommen, der den Blick auf die Grenzen richtet, auf die Grenzen gegen das Nicht-Mittelalterliche, gegen das Vorher und das Nachher. Anders ausgedrückt, man muß fragen nach dem Anfang und nach dem Ende der mittelalterlichen Philosophie und des Mittelalters überhaupt.

*

Natürlich ist es unmöglich, für den *Beginn* des Mittelalters einen bestimmten Zeitpunkt, ein Datum, anzugeben. Dennoch läßt sich ein Jahr nennen, das eine besondere, sozusagen symbolische Bedeutung besitzt. Es ist das Jahr 529. Auch Hegel nennt dies Jahr, in das, wie er sagt, der »Untergang der äußeren Etablissements der heidnischen Philosophie«[6] falle. Im Jahre 529 schließt ein Erlaß des christlichen Kaisers Justinian die platonische Akademie in Athen, die dort, unter dem gleichen Namen, durch neunhundert Jahre bestanden hat. In demselben Jahre aber geschieht noch etwas anderes, und davon schweigt Hegel: der heilige Benedikt gründet Monte Cassino; das heißt, es entsteht, zwischen Rom und Neapel, hoch über einer der Heerstraßen der Völkerwanderung, das erste Benediktinerkloster. – Hier also wird in der Tat so etwas wie eine Grenze sichtbar, an welcher zwei Zeitalter, ein abgelebtes und ein beginnendes, einander berühren. – Doch hat die Entgegensetzung vielerlei Bedeutung, die an den Ereignissen des Jahres 529, obwohl sie darauf hindeuten, nicht schon einfachhin ablesbar ist.

*

Hegel hat, indem er vom Untergang der *»heidnischen«* Philosophie spricht, das eigentlich Entscheidende ausgesprochen: im Mittelalter setzt sich die christliche Philosophie der heidnischen entgegen. Eine radikalere Abgrenzung und Unterscheidung ist nicht leicht zu denken. Dieser Einschnitt ist unvergleichlich tiefer als etwa der Einschnitt, der die jonische Naturphilosophie von der des Sokrates und Platon trennt. Der Schritt von Thales zu Sokrates oder von Platon zur Stoa kann deswegen nicht verglichen werden mit dem Schritt von Thales, Sokrates, Platon, der Stoa einerseits zu Origenes, Augustin, Anselm, Thomas anderseits, weil sich im letzteren Fall zwischen den beiden Zeiträumen ein bestimmtes Ereignis zugetragen hat – nicht auf dem Felde der Begriffe und Ideen, sondern auf dem Felde des im striktesten Sinn Geschichtlichen; nicht im Bereich des Denkens über die Realität, sondern im Bereich der Realität selbst. Natürlich gibt es auch in der Zeit zwischen Platon und der Stoa geschichtliche Ereignisse von umstürzender Bedeutung; und natürlich haben die Wirrnis und die Unsicherheit, die der Niederbruch des Alexanderreiches zur Folge hat, das Philosophieren über die menschliche Existenz aufs tiefste beeinflußt. Das geschichtliche Ereignis aber zwischen Antike und Mittelalter, das hier zur Rede steht, ist von solcher Art, daß es durch sich selbst und notwendigerweise das Denken über die Wirklichkeit im Ganzen und über den Sinn des menschlichen Daseins, und das heißt: die Philosophie, von Grund auf betreffen und verändern muß – so daß die mittelalterliche Philosophie nicht begriffen werden kann rein als eine [mangelhafte oder auch entfaltende] Fortsetzung der antiken Philosophie oder als eine bloße »neue Epoche« in der Geschichte des menschlichen Denkens. Es dürfte niemandem verborgen geblieben sein, daß ich hier von dem Ereignis spreche, welches die Fachsprache der Theologen mit dem Wort »Inkarnation« bezeichnet. Wie man sieht, kommen damit unvermeidlich sehr prinzipielle Stellungnahmen ins Spiel. Sie selber brauchen hier nicht des näheren diskutiert zu werden. Freilich muß klar sein, daß es für das Verständnis der mittelalterlichen Philosophie nicht gleichgültig ist, ob einer sagt: »Alle Geschichte geht zu Christus hin und kommt von ihm her« [dies sind die Worte, mit denen Karl Jaspers die Hegelsche Grundauffassung umschreibt[7]] – oder ob er, wie Jaspers selber, der Meinung ist, der »tiefste Einschnitt« und »die Achse der Weltgeschichte« liege »in dem zwischen 800 und 200 stattfindenden geistigen Prozeß« des fast gleichzeitigen Erscheinens von Lao-tse, Konfuzius, Buddha, Zarathustra, Isaias, Parmenides, Heraklit, Platon.[8] Wie gesagt, diese Frage kann und soll hier nicht erörtert werden. Nur muß man sehen, wie unmöglich es ist, irgendeinen mittelalterlichen Autor zu verstehen, wenn nicht bedacht wird, daß zu den Fundamenten seines Denkens über die Welt und den Menschen die völlig unangezweifelte Überzeugung gehört, es sei in eben jenem Ereignis der Inkarnation eine Wahrheit zugänglich geworden, die an wirklichkeitsaufschließender Kraft mit keiner menschlichen Einsicht vergleichbar ist und die sehr genau den Gegenstand betrifft, mit welchem der Philosophierende es zu tun hat.

Es könnte nun einer sagen: Sollte man also nicht die »Grenze«, jenseits welcher das »mittelalterliche« Denken beginnt, gleichsetzen mit dem Beginn des christlichen Äon überhaupt? Tatsächlich hebt Gilsons »Geschichte der christlichen Philosophie *im Mittelalter«* an mit einer Darlegung der Lehre des Neuen Testaments[9]. Dennoch hat es, wie ich glaube, einen guten Sinn, von einer Epoche auch der christlichen Antike zu sprechen und also etwa Augustinus, erst recht Justin oder Klemens von Alexandrien, trotz ihrer Christlichkeit, als antike, vor-mittelalterliche Denker zu sehen. – Hiermit kommt ein zweites Bedeutungselement zur Sprache, das sich in den Ereignissen jenes Grenzjahres 529 verbirgt, genauer gesagt, in dem Wechsel des Schauplatzes vom Athen der platonischen Akademie zu dem Benediktinerkloster an der Völkerwanderungsstraße.

Augustinus lebt – und nicht nur er selbst, sondern auch seine Hörer und Leser – noch völlig im Raum des *Imperium Romanum,* in der durch Neuplatonismus, Stoa und Epikur bestimmten Welt der hellenistischen Geistigkeit. Dies ist seine geistige Heimat. Für ihn selbst und für alle, mit denen er zu tun hat, ist Rom nicht weniger als das Symbol der Ordnung in der Welt. Ebendies macht anderseits die ungeheure Erschütterung verständlich, die durch Alarichs Eroberung der Stadt Rom [410] ausgelöst wird und die dann ihren Niederschlag findet in der geschichtstheologischen Konzeption des »Gottesstaates«. Wenngleich also das Lebensgehäuse der griechisch-römischen Antike bereits bedroht und gefährdet ist, für Augustinus umschließt es noch immer die ganze Welt, die ihn geistig angeht. Als die Vandalen seine Bischofstadt Hippo belagern, ist er bereits ein Sterbender. – Kaum hundert Jahre später ist die Situation schon völlig verwandelt. Boethius zum Beispiel ist, für seine Person, zwar gleichfalls noch völlig im politischen Lebensraum des *Imperium Romanum* und im geistigen Strahlungsfeld der antiken Philosophie aufgewachsen; aber für seine Hörer und Leser trifft das schon durchaus nicht mehr zu. Boethius hat es mit den Goten des Theoderichreiches zu tun: *sie* sind die neuen *dramatis personae*.

Dieser Wechsel des Standortes hat, so scheint es, sein Widerspiel noch im heutigen Betrachter. In der Vorstellung »Augustinus, sterbend in der von den Vandalen belagerten Stadt« sehen wir die Dinge noch, unwillkürlich, mit den Augen Augustins, mit den Augen der Römer also, und nicht mit denen der germanischen Eroberer, wiewohl sie doch in gewissem Sinn »wir selbst« sind. Wenn dagegen von Boethius die Rede ist und von seinem Wirken im Kreise der Goten, dann ist es schon nicht mehr so völlig klar, ob wir uns ihm verbündet fühlen oder nicht vielmehr dem Gotenkönig Theoderich; unversehens beginnen wir, heißt das, die Dinge mit den Augen der jungen Völker zu betrachten, die das *Imperium Romanum* überfluten. Wenn wir dann weiter an Alkuin denken oder an Hrabanus Maurus, so haben wir den Wechsel des inneren Standortes bereits völlig fraglos vollzogen. Der Wendepunkt aber scheint mir genau auf der Grenzlinie zu liegen, welche die Antike vom Mittelalter trennt. Gerade die mittelalterliche *Philosophie* ist eine Sache der von Norden her in den Raum der Antike eindringenden Völker. Und Boethius, der wenige Jahre vor 529 stirbt, ist der erste, der sich ihnen ausdrücklich zuwendet. – Natürlich kann dennoch, im Geistigen, nicht von einem glatten Schnitt gesprochen werden. Es läßt sich, zum Beispiel, auf vielfache Weise belegen, daß Augustin die Prinzipien der mittelalterlichen Philosophie bereits formuliert hat. Trotz allem bleibt er, in seiner geschichtlichen Existenz, ein vor-mittelalterlicher, antiker Mensch.

Auch räumlich verlagert sich, von der Zeit des Boethius an, der Schwerpunkt des geistigen Lebens. An die Stelle von Athen, Alexandrien, Antiochien, Karthago treten der Hof des Theoderich [Ravenna, Verona, Pavia], der Hof Karls des Großen, Canterbury, Paris, Oxford, Köln. Gewiß behalten Rom und überhaupt Italien ihre Bedeutung; aber es handelt sich um das von germanischen Stammesfürsten besetzte Italien. Zwar wird Thomas von Aquin Süditaliener sein; aber er wird eine normannische Mutter haben, und seine Heimat wird zum staufischen Königreich Sizilien gehören.

Dieses historische Faktum, daß »barbarische« Völker sich als Sieger in einem Hause wohnlich einrichten, das nicht sie selbst gebaut haben – diese Tatsache macht eine sonst schwer faßbare Unstimmigkeit verständlicher, die von Anfang an und gerade zu Anfang die mittelalterliche Philosophie kennzeichnet. Hegel hat hierüber eine trotz der summarischen Raschheit seines Überblicks sehr tiefdringende Bemerkung gemacht: »Das Haupt-Element im Mittelalter ist diese Entzweiung, dies Gedoppelte: zwei Nationen, zwei Sprachen. Wir sehen Völker, die vorher geherrscht haben, eine vorhergehende Welt, die eigene Sprache, Künste, Wissenschaften fertig hatte; und auf dies ihnen Fremde setzten sich die neuen Nationen, die so, gebrochen in sich, angefangen« haben[10]. Auf diese Weise erklärt sich Hegel das ihn selbst Befremdende der Scholastik, dieser, wie er sagt, »gänzlichen Verwirrung des trockenen Verstandes in dem Knorren der nordisch-germanischen Natur«[11], für welche »die unendliche Wahrheit des Geistes« in jenen Jahrhunderten wie »ein zentnerschwerer Stein« gewesen sei, »dessen ungeheuren Druck sie nur empfinden, nicht verdauen« konnte[12]. Sosehr dieser Zusatz falsch ist und zwar nachweislich falsch, so sehr bleibt es anderseits wahr: die Einbewältigung von etwas nicht auf dem eigenen Boden Gewachsenem, die Erlernung nicht nur eines fremden Vokabulars, sondern einer andersgearteten Denkweise, die Assimilierung eines ungeheuren Bestandes von bereits Gedachtem – all dies ist in der Tat *das* Problem, mit dem die mittelalterliche Philosophie antritt und fertig zu werden hat. In eben diesem Fertig-Werden aber gewinnt sie ihre eigene Gestalt.

*

Das Neue, wodurch sich das Mittelalter gegen die antike, vormittelalterliche Zeit absetzt, läßt sich also mit einiger Genauigkeit umschreiben; die Grenze, die seinen Beginn bezeichnet, tritt als deutlich kenntlicher Einschnitt vor den Blick. Dagegen ist es offenbar viel schwieriger, das *Ende* der mittelalterlichen Epoche, ihre Grenze gegen das Nachher, kenntlich zu machen. Das rührt, so könnte man meinen, daher, daß diese Grenze noch gar nicht erreicht ist. Vielleicht ist das Mittelalter noch gar nicht zu Ende? – In Wahrheit hat jene Schwierigkeit, glaube ich, folgenden Grund: Zugleich mit dem Mittelalter beginnt ein neuer Abschnitt der Menschengeschichte überhaupt, der mit dem Ende des Mittelalters nicht schon gleichfalls endet. Das Mittelalter ist eine erste, schon vergangene Periode dieses neuen Zeitabschnitts; er selbst aber währt weiter in die nachmittelalterliche und in die gegenwärtige, bereits »nach-neuzeitliche« Epoche hinein und wohl auch noch über sie hinaus. Ebendies macht es sogar schwierig, mit völliger Eindeutigkeit zu sagen, worin präzis das unterscheidend »Mittelalterliche« am Mittelalter selbst liege. Denn höchst erwartbarerweise erscheint, verglichen mit der Antike, manches daran als »typisch« mittelalterlich, das auch für die nach-mittelalterlichen Jahrhunderte charakteristisch bleibt. So wäre es zum Beispiel einigermaßen unsinnig, zu behaupten, das christliche Element des mittelalterlichen Philosophierens, wodurch es sich in der Tat vom Denken der Antike unterscheidet, sei etwas auf solche Weise »spezifisch« Mittelalterliches, daß es mit dem Ende des Mittelalters gleichfalls seine Gültigkeit oder auch nur seine faktische Kraft genau ebenso verloren habe wie, mit dem Untergang der antiken Welt, der heidnische Habitus des vorchristlichen Philosophierens vergangen und versunken sei.

Wahrscheinlich wird die Grenzlinie, an welcher das Mittelalter endet, deutlicher faßbar, wenn man das zweite Begriffselement ins Auge faßt, von dem wir gesprochen haben. Ich meine die – beileibe nicht selbstverständliche – Tatsache, daß die jungen, aus dem Norden in das Römerreich eindringenden Völker es als ihre Aufgabe erkennen, den dort aufgehäuften Überlieferungsbestand einzubewältigen und zu assimilieren, nicht allein die antike Weltweisheit, sondern auch die unübersehbare Ernte der Kirchenväter-Theologie. Erst von hier aus wird ja ein unterscheidender Grundzug mittelalterlichen Denkens überhaupt verständlich, das »Schulmäßige« nämlich, auf das der Name »Scholastik« hindeutet. Man begreift, so scheint mir, nichts von der Scholastik, wenn man nicht wahrnimmt, daß sie vor allem ein beispielloser Lern-Vorgang gewesen ist, eine durch mehrere Jahrhunderte durchgehaltene schulische Veranstaltung von ungeheurem Ausmaß. Wenn das Erbe der antiken Welt, der heidnischen wie der christlichen, wahrhaft zu eigen gewonnen werden sollte, dann war in der Tat die erste Voraussetzung dafür schlichthin die Ordnung des vorgefundenen Bestandes, und zwar die Ordnung unter dem Aspekt von Lehrbarkeit und Lernbarkeit. Es ist gar nichts anderes zu erwarten, als daß auf solche Weise die freilich ganz und gar prosaische Arbeit des Organisierens, des Sortierens und Klassifizierens eine bisher unbekannte Bedeutung gewinnt. Und höchst natürlicherweise fehlt dem Schrifttum der mittelalterlichen Scholastik der Zauber persönlicher Unmittelbarkeit; es geht gar nicht anders, als daß Schulbücher der Originalität ihrer Verfasser nur wenig Raum lassen. Lernen kommt offenbar, im durchschnittlichen Fall, auf andere Weise nicht zustande. Und wenn, in jenen Jahrhunderten der sich auflösenden antiken Weltordnung, die lernende Aneignung des überkommenen Reichtums *die* einfachhin vordringliche geschichtliche Aufgabe ist, dann ist ebendamit das Schulmäßige der Scholastik nicht nur unvermeidlich, sondern notwendig. Wer will sagen, ob wir heute die Möglichkeit eines unmittelbaren geistigen Zugangs zu Platon und Aristoteles und Augustinus hätten, wenn nicht jene geduldige Mühe der elementaren Aufschließung vorausgegangen wäre. Und übrigens setzt die Einbewältigung eines solch unermeßlichen Bestandes auf der Seite der lernend-lehrenden Scholastiker ein völlig ungewöhnliches Maß an intellektueller Eigenständigkeit und Unabhängigkeit wie auch an Unmittelbarkeit des eigenen Weltverhältnisses voraus; es bedarf durchaus der genialen Geisteskraft von Männern wie Albertus Magnus und Thomas von Aquin.

Was aber hat dies – so mag man fragen – mit dem *Ende* des Mittelalters zu tun, wovon doch gesprochen werden soll? Antwort: Es mußte so kommen, daß jene vor allem »lernende« Haltung eines Augenblicks ihre Aktualität verlor. In genau dem gleichen Maße, wie die Aufgabe der Aneignung des Bestandes geleistet war und neue, in der eigenen Welterfahrung begegnende und nur aus Eigenem zu bewältigende Fragen nach Bedenkung und Antwort verlangten, mußte die bloße Befassung mit dem schon Gewußten mehr und mehr unwichtig, ja einfachhin unangemessen werden. Natürlich war aber anderseits damit zu rechnen, daß der weithin institutionalisierte Wissenschaftsbetrieb des Mittelalters versuchen würde, die einmal eingespielte Verfahrensweise, obwohl sie primär auf die Ausbeute schon vorliegender Erkenntnisbestände zugeschnitten war, dennoch festzuhalten und weiterhin durchzusetzen.

Ein solcher Versuch aber konnte schließlich nur zu völliger Sterilität und zur Auflösung führen. Und dies ist ziemlich genau das, was wirklich geschehen ist. Hierüber gibt es unter den Historikern nur eine Meinung. Das Ende ist nicht, wie im Fall der durch einen kaiserlichen Akt verfügten Schließung der platonischen Akademie, in Gestalt äußerer Ereignisse hereingebrochen. Die mittelalterliche Philosophie ist von innen her entartet. Grabmann[13] spricht von einem jäh einsetzenden Verfall; Gilson[14] sagt, das Ende der mittelalterlichen Philosophie könne nur als äußerste geistige Verworrenheit und Unordnung beschrieben werden; de Wulf's Gesamtdarstellung[15] schließt mit dem Satz, die Scholastik sei zugrunde gegangen aus Mangel nicht an Ideen, sondern an Köpfen.

Von diesem »letzten« Akt aber kann des näheren auch erst am Schluß des Buches die Rede sein.

II

Die Aneignung des antiken Erbes durch die Völker des germanischen Nordens hat, im Unterschied zu dem, was auch sonst immerzu an »kultureller Beeinflussung« geschieht, den Charakter der Rettung vor dem Vergessenwerden. Hätte diese Aneignung nicht stattgefunden, dann wären die Funde und Errungenschaften der Alten Welt zum guten Teil einfach aus der fortwirkenden Geschichte verschwunden. Da aber überdies die Lernenden Fremde sind, die einen nicht auf ihrem eigenen Boden gewachsenen und in einer anderen als ihrer Muttersprache gestaltgewordenen Bestand in Besitz zu nehmen haben, steht natürlicherweise auch der Übermittlungsvorgang selbst unter neuen Bedingungen. Die Übersetzung, im primitivsten Sinn der Hinübertragung in die Sprech- und Denkweise der Aufnehmenden; die Vereinfachung; das elementare Durchbuchstabieren von Dingen, die innerhalb des geschlossenen Traditionsraumes der Antike bare Selbstverständlichkeiten gewesen sind – all dies gewinnt unversehens eine schlechthin lebenswichtige Bedeutung. Und natürlich kommt es nicht allein auf die Methodik an, sondern fast noch mehr darauf, welche Inhalte, da ja das Ganze nicht sogleich in seiner vollen Differenzierung angeboten werden kann, zuerst und als Wichtigstes »übertragen« und in die Fundamente des Neubaus eingefügt werden. Die entscheidende Frage also ist, ob diese Aufgabe ihren Mann finden wird oder nicht. Die Antwort auf diese Frage lautet: *Anicius Manlius Boethius.*

Boethius hat mit den beiden »symbolischen« Geschehnissen des Jahres 529, obwohl er sie nicht mehr erlebt, auf merkwürdige Weise zu tun. Er ist Schüler der platonischen Akademie gewesen, und so ist es in bestimmtem Sinn *seine* Schule, die durch kaiserlichen Erlaß geschlossen wird. Mit Benedikt von Nursia aber, dessen Altersgenosse er ist, verbindet ihn, so scheint es, die Zugehörigkeit zu der gleichen römischen Sippe der Anicier. Boethius siedelt auf dem schmalen Streifen Niemandsland, der die Zeitalter scheidet; durch diesen geschichtlichen Ort ist sein Lebensschicksal bestimmt. Er weiß, daß die Welt, in der er aufgewachsen ist, dem Untergang geweiht ist; und die heraufkommende Welt ist nicht die seine, obwohl er sich ihr leidenschaftlich zuwenden wird. Weder im Alten noch im Neuen also ist er unangefochten zu Haus. Zwar kann, so scheint es dem ersten Blick, kaum jemand so fraglos eingewurzelt sein im Erdreich der antiken Welt wie gerade Boethius, der geborene Römer, der Sohn einer Senatorenfamilie, der dann, freilich als einer der letzten in der Reihe, seine Studien in Athen macht. Doch ist dieses Erdreich inzwischen zum »besetzten Gebiet« geworden. Und offenbar will Boethius die Energie seines Geistes und seines Herzens nicht der bloßen Verwaltung des Überkommenen zuwenden. Er wagt es, sich auf das Neue und Fremde einzulassen, dessen künftige Gestalt noch völlig im Dunkel ist; er wendet sich der siegreichen Invasionsmacht zu, die den alten Reichsboden Italiens erobert hat und die sich nun daranmacht, zu »lernen«. Er geht an den Hof des Goten Theoderich, wo er, nach seinen eigenen Worten, schon als junger Mann Würden und Ämter erlangt, deren Vereinigung in einer Hand sonst selbst Greisen versagt ist. Obwohl Boethius, indem er in den Dienst des Theoderich tritt, zugleich in den Stand gesetzt wird, das geistige Erbe der Antike auf unvergleichlich wirksame Weise zu »retten« und weiterzugeben – man kann sich auch leicht ausdenken, wie zweideutig diese mittlerische Stellung ist, die er als seine Aufgabe erkennt und annimmt. Immer ist ja der Vermittler in der Gefahr, von beiden Seiten beargwöhnt und verdächtigt zu werden: als der geheime Sendling der Gegenmacht, als »Kollaborateur«, als Verräter, als der auf keiner Seite klar und eindeutig Beheimatete. – Und die Atmosphäre am Hof des Theoderich ist ohnehin voller Konfliktstoff: Der Gotenkönig gibt sich als der Beauftragte des oströmischen Kaisers, aber tatsächlich übt er seine Macht als absoluter Herrscher aus. Theoderich selber, der als Geisel am byzantinischen Kaiserhof herangewachsen ist, liebt es, seine persönliche Lebenshaltung nach altrömischer Sitte einzurichten; seine Tochter spricht Latein und Griechisch. Zugleich aber ist von ihm das Wort überliefert, daß ein schlechter Gote gern Römer sein wolle und ein schlechter Römer Gote. Was dies Letztere betrifft, so wissen wir, daß eine der am Hofe üblichen offiziellen Lobreden an einigen hohen Würdenträgern des Theoderich, Römern wohl zu bedenken, rühmt, sie seien der gotischen Sprache mächtig und ihre Kinder würden gotisch erzogen [1]. Im übrigen hat Theoderich für klare Scheidungen gesorgt: kein Römer kann eine militärische Führerstellung innehaben, kein Gote ein Amt in der Staatsverwaltung. – In dieser spannungsgeladenen Welt also siedelt Boethius sich an: der Römer im Dienst des Germanenfürsten, der »Grieche« im Bezirk des christlichen Glaubens, der katholische Christ im Kreise der arianischen Goten. Die Situation ist, das liegt zutage, für den auf Vermittlung Bedachten voller Möglichkeiten. Aber sie ist auch, im drastischesten Sinn des Wortes, voller Gefahr. Und man kann mit Fug behaupten, Boethius habe in eben der Ausübung seines Amtes als Vermittler den Tod gefunden.

*

Nun aber ist von diesem mittlerischen Wirken des näheren zu sprechen. – Das erste ist, daß Boethius einer der großen *Übersetzer* gewesen ist, von dessen Leistung wir zehren bis auf den heutigen Tag. Die *translatio* ist ja eine der wiederkehrenden, unentbehrlichen Grundformen aller geistigen Mittlerschaft. Wenn wir »universal« sagen, gebrauchen wir ein von Boethius geprägtes Wort; ebenso wenn wir »Subjekt« sagen oder »Spekulation« oder »definieren« oder »Prinzip«. Dies alles sind Worte, die Boethius dem Griechisch des Platon und Aristoteles zuordnet. Genau genommen ist ja dies das eigentliche Geschäft des Übersetzers; er schafft nicht neue Worte, er stiftet eine Zuordnung. Natürlich gab es, zum Beispiel, im Lateinischen seit eh und je das Wort *»principium«*. Aber daß dem Wort *»arché«*, diesem Ur-Wort der philosophischen Weltdeutung von Thales zu Aristoteles, worin sich das Bedeutungselement »Ursprung« mit dem anderen Bedeutungselement »Herrschaft« verknüpft – daß diesem griechischen Wort das auf die gleiche Weise doppeldeutige *»principium«* als ständige Stellvertretung zugeordnet worden ist: das ist die Leistung des großen Übersetzers, der das nahezu Unmögliche vermag, den Gedanken »heil« von einer Sprache in die andere hinüberzubringen. Um die großartige Genauigkeit der Übersetzung *»arché«* – *»principium«* zu erfassen, brauchen wir nur einen Augenblick lang zu bedenken, welches deutsche Wort denn wohl uns zur Hand wäre, das den zwiefachen Sinn des griechischen wie des lateinischen Ausdrucks wiederzugeben vermöchte. Ich fürchte, wir wüßten keines zu nennen – obwohl doch auch unsere Muttersprache, etwa in der gemeinsamen Wurzel von »Erster« und »Fürst«, Ansatz und »Rohstoff« genug besitzt, die Verknüpfung von

»Ursprung, Anfang« und »Herrschaft« in ein einziges Wort zu fassen. Heideggers Verdeutschungsvorschlag »beherrschendes Woher«[2] trifft zweifellos den Kern des Sachverhalts; aber es handelt sich doch eher um eine Umschreibung des mit *»arché«* Gemeinten als um eine Übersetzung des Wortes selbst.

Die Größe des Vermittlers Boethius erweist sich aber nicht allein in dieser sprachlichen Meisterschaft, den Sinn der Grundworte unversehrt, kaum verändert jedenfalls durch den Transport, über die Sprachgrenze zu bringen. Nicht minder großartig ist die Unbeirrbarkeit, mit der er den Rang und den Umkreis der sachlichen Inhalte absteckt, die er auf solche Weise zu »retten« gedenkt. Dieser Zugriff zielt von Anfang an ausdrücklich auf das Ganze des Überlieferungsbestandes, womit nicht die faktische Vollständigkeit im einzelnen gemeint ist, sondern die grundrißhafte Universalität, die allein jedem falschen Ausschließlichkeitsanspruch Widerstand zu leisten vermag. Wenn dies auch vielleicht eine gewisse »Unentschiedenheit« zur Folge haben mag, die man dem Boethius immer wieder einmal angekreidet hat[3] – offenbar zeigt sich hier, wie tief er erkannt haben muß, was dieser äußerst gefährdeten Epoche in Wahrheit notwendig ist; daß es nämlich nicht auf die Durchfechtung präziser Schulmeinungen ankommt, sondern auf die Bewahrung des gemeinsamen Fundaments, wodurch ein sinnvolles Streitgespräch zwischen den Schulen erst möglich wird. Er will gerade nicht ein Entweder-Oder. Obwohl im Grunde selber Neu-Platoniker, will er sie ausdrücklich beide, Platon und Aristoteles. Es ist ein sehr selbstbewußter Satz, in welchem Boethius diese seine Absicht bekundet: *Ego omne Aristotelis opus, quodcumque in manus venerit ... omnesque Platonis dialogos ... in Latinam redigam formam,* »ich werde jedes Buch des Aristoteles, das mir nur in die Hände kommt, und sämtliche Dialoge Platons ins Lateinische übertragen«[4]. Der Satz findet sich in einem Kommentar zu einer der logischen Schriften des Aristoteles – worin sich zeigt, daß es mit der bloßen Übersetzung von Texten nicht getan bleiben soll. In seinen Kommentaren aber will Boethius, wie es an der gleichen Stelle heißt, deutlich machen, wie sehr Platon und Aristoteles in den philosophischen Grundüberzeugungen eines Sinnes gewesen seien[5]. So anspruchsvoll und wahrscheinlich sogar unlösbar die damit gestellte Aufgabe ist, jedenfalls hat Boethius bereits um das Jahr 500 den *Platoniker* Aristoteles zu Gesicht zu bringen vermocht, wie ihn in unserer Zeit die Forschungen von Werner Jaeger als authentisch erwiesen haben.

Es ist nicht zu verwundern, daß der riesige Plan einer Übersetzung und Interpretation des Gesamtwerkes von Platon und Aristoteles nicht verwirklicht worden ist. Das hätte selbst dann kaum erwartet werden können, wenn nicht, nach des Boethius eigenem Wort, der Tod ihm »zur Unzeit in die Süße der Jahre gedrungen wäre«[6]. So ist er über einige logische Schriften des Aristoteles nicht hinausgekommen. Immerhin sind es ebendiese Übertragungen des Boethius gewesen, wodurch die unvergleichliche Klärungsenergie des großen Griechen inmitten des sich gründenden Abendlandes überhaupt anwesend gehalten worden ist.

Aber auch mit seinen eigenen Schriften [darunter sowohl elementare Lehrbücher der Arithmetik, der Astronomie, der Musik[7] wie einige theologische Abhandlungen, von denen noch zu sprechen sein wird] – auch mit dem eigenen Werk wirkt Boethius weit in die kommende Zeit hinein. Sechshundert Jahre nach seinem Tode wird, in Abälards logischen Traktaten, fast auf jeder Seite sein Name genannt sein[8]. Vielleicht noch beträchtlicher ist seine anonyme Wirkung, und zwar nicht allein die des Übersetzers. Es pflegt ja in der Regel so zu gehen, daß etwas anderswo Gewachsenes, je mehr es zu eigen gewonnen wird, desto mehr, in diesem Vorgang der Einverleibung, seine Herkunftszeichen verliert. Nach diesem Gesetz sind auch die sauber konturierten Begriffsbestimmungen der Person, des Schicksals, der Ewigkeit [daß sie nicht bloße Unendlichkeit der zeitlichen Abfolge sei, sondern Zugleich-Besitz von Allem[9]] sowie der knappe Satz, wonach alles Erkennen notwendig nach der Weise des Erkennenden geschehe[10] – alle diese Funde des Boethius sind längst, ohne daß die Signatur des Autors kenntlich geblieben wäre, in das Gemeineigentum eingegangen.

*

Das bedeutendste Buch des Boethius, das, wie man sagen muß, zur Weltliteratur[11] gehört, ist von ihm selber niemals geplant gewesen. Diese Hervorbringung, die einzige, die seit je allgemein mit dem Namen ihres Autors zusammen genannt und gedacht wird, ist zugleich die einzige, die seine eigenen Entwürfe mit keinem Gedanken vorausgeahnt haben. Das Buch ist dem Boethius auf furchtbare Weise abgenötigt worden.

Jählings wird diese großartig ins Breite dringende Existenz des mit dreißig Jahren schon zum Amt des römischen Konsuls Aufgestiegenen, dem alles, was er nur anpackt, zu Reichtum, Ehre und Einfluß anschlägt – mit einem einzigen, völlig unerwartet niederfahrenden Schlag wird dieses weiträumige Dasein in eine winzige Zelle zurückgenommen, in die Zelle einer letzten, ganz und gar inwendigen Begegnung mit der Ur-Wirklichkeit. – Die Geschehnisse sind rasch erzählt: Boethius wird der Verschwörung gegen Theoderich verdächtigt; es wird ihm der Prozeß gemacht; er wird zum Tode verurteilt und, um das Jahr 525, in Mailand grausam hingerichtet. In der Erwartung des Todes, als Gefangener, schreibt er sein Buch »Von der Tröstung der Philosophie«. In diesem Buch zeigt sich ein ganz neuer Boethius – so unerwartbar anders, daß man lange Zeit nicht hat glauben wollen, die unter seinem Namen überlieferten theologischen Traktate seien gleichfalls von Boethius verfaßt. [Wir haben von der Zweideutigkeit gesprochen, die in den Augen der Zeitgenossen fast unvermeidbar der Gestalt des Boethius anhaften mußte. Sie hat einen seltsamen Nachklang darin, daß einerseits bis in die neueste Zeit hat behauptet werden können, Boethius sei überhaupt kein Christ gewesen, und daß er anderseits geradezu im Ruf eines Märtyrers gestanden hat, der um seines Glaubens willen von Theoderich getötet worden sei. Beide Vermutungen sind zwar inzwischen als falsch erwiesen worden; aber daß sie überhaupt mit Gründen haben verteidigt werden können: dies scheint mir kennzeichnend zu sein.]

Die Schrift von der Tröstung der Philosophie kann auf sehr verschiedene Weise gelesen werden. Man kann sie so lesen, daß es vor allem darauf abgesehen ist, in ihrer literarischen Form den platonisierenden Dialog, die Nachahmung einer aristotelischen Frühschrift, das Urbild der danteschen Vita nuova »wiederzuerkennen« und, in ihrem Gehalt, die Lehren der Neuplatoniker oder das Gedankengut der Stoa. Solcherart Lektüre liegt, wie jeder weiß, dem historisch gebildeten Leser sehr nahe; und er sieht sich ständig von vielen Seiten her dazu aufgefordert. Doch steht zu fürchten, daß sie ihn vielleicht zu mancherlei nützlichen Feststellungen führen mag, nicht aber dahin, die *vox humana* in dem Buche, die Stimme des Boethius selber in Wahrheit zu vernehmen. Damit es dazu komme, muß man mit dem Buch allein gelassen werden und Gesicht und Gehör der Seele völlig unabgelenkt auf das unmittelbar Gesagte richten. Dann aber zeigt sich, daß in der *Consolatio philosophiae* nichts anderes geschieht, als daß ein Mann, dem die gesamte reiche Lebenshabe ohne Vorwarnung aus der Hand geschlagen worden ist, die Frage zu beantworten sucht, was ihm noch verblieben sei. Es geschieht, daß dieser Mann es im Angesicht des Todes unternimmt, sich seiner letzten Barschaft zu versichern. Nichts ist natürlicher, als daß er dabei alles bedenkt, was ihm an Auskunft nur erreichbar ist – und also auch platonische und neuplatonische, aristotelische, stoische Lehren. Aber es ist ihm dabei nicht im mindesten zu tun um das gelehrte Zitieren berühmter Autoren; es ist ihm nicht danach zumute, Literatur zu verfertigen. Es geht ihm um eine in diesem Augenblick standhaltende Antwort auf die gar nicht abstrakte, sondern ans Leben gehende Frage, ob nicht – ja oder nein? – die Welt und das Dasein für ihn sinnlos geworden seien. Das aber ist eine ewige Menschenfrage, die jeden Tag in jedermanns Weg treten kann. Und auch die hierauf von Platon oder von der Stoa gegebenen Antworten sind ja beileibe nicht etwas abgetan »Historisches«, mag auch der Christ noch sosehr imstande sein, eine neue, eine überlegene und sogar endgültige Antwort zu geben. Doch muß noch etwas genauer gesprochen werden. Es trifft zu, daß dem Christen eine tiefere und wahrere Antwort zugänglich geworden ist; das heißt aber noch nicht, daß er sie sich faktisch zu eigen zu machen, daß er sie auch zu »realisieren« vermag. Hier steckt ein Problem, das die Deutung des Buches von der Tröstung der Philosophie schwierig macht. Boethius nämlich *schweigt* über die christliche Antwort. Eben hierdurch ist das Bedenken wach gerufen worden, ob er wohl überhaupt Christ gewesen sei. Wie sonst könnte es gedeutet werden, daß in die Rechenschaft des Trostbedürftigen kein ausdrückliches Wort über Christus Eingang gefunden hat und kein Gedanke an das Mysterium seiner Passion? Auf diese Frage wird wahrscheinlich niemals exakt geantwortet werden können. Wäre es aber nicht denkbar, daß gerade dieses Schweigen die Aufrichtigkeit des Boethius bezeugt und den völlig unliterarischen Ernst seiner Aussage? In der *Consolatio*, deren innerer Stil durch eine äußerste Illusionslosigkeit gekennzeichnet ist [»Jeder hat in sich etwas, das man nicht kennt, solange man es nicht erprobt hat; hat man es aber erprobt – schaudert man«[12]] – in diesem Buche findet sich auch die großartige Formulierung: Nichts kann durch fremden Schmuck geschmückt werden[13]. Gemeint ist das Folgende: Was immer wir »haben«, wird erst dadurch unser Eigen, daß wir es uns selber, in der innersten Kammer des Daseins, anverwandeln; in der letzten Abrechnung zählt allein, was einer »ist«, und nicht, was einer »hat«. Nicht jeder Gedanke, der uns denkbar ist, und nicht alles, was als Gedachtes Teil unserer Erkenntnishabe ist, gehört uns wirklich als unser Eigentum – mag es vielleicht der reflektierenden Vernunft noch sosehr einleuchten und mag es durch bewußte Zustimmung vielleicht noch sosehr bejaht sein. In diesem Felde hat, sehr begreiflicherweise, die sublimste Selbsttäuschung geradezu unausdenkbare Möglichkeiten; erst wenn der äußerste existentielle Ernst keine Ausflucht mehr gestattet, stürzen sie zusammen. Es kann einer sehr wohl – wie Boethius es getan hat – ein höchst geistvolles Buch über die göttliche Dreieinigkeit geschrieben haben, und doch kommt es, wenn es auf Leben und Tod geht, an den Tag, daß er aus solchem »Wissen« nicht wirklich Frucht und Trost zu ziehen vermag. Die letzte Erprobung kann niemand vorwegnehmen. Erst in ihr aber zeigt sich, was uns wirklich gehört und was nicht. – Könnte es nun nicht sein, so frage ich mich, daß dieser in Athen gebildete Römer Boethius zwar aufrichtigen Herzens Christ gewesen ist, sich aber dennoch, in der äußersten Ernstsituation, in der man nur noch über das wirkliche Eigentum verfügt, »schaudernd« zurückgeworfen fand auf eine Daseinsdeutung, in welcher der tiefste Trost des christlichen Mysteriums stumm blieb? Zu keiner Zeit, und sei sie noch so »christlich«, sind ja Glaube und Hoffnung dem

Zugriff des Menschen einfachhin verfügbar gewesen. Das ist eine eherne Tatsache, die durch die gewohnheitsmäßige Selbstverständlichkeit des redenden und denkenden Umgangs mit dem Mysterium wohl in Vergessenheit geraten, nicht aber aus der Welt geschafft werden kann.

Der Dialog, welcher den Inhalt der letzten Schrift des Boethius bildet, ist also beileibe nicht irgendeine angestrengte Allegorie. Und keiner der Partner, zwischen denen das Gespräch hin und her geht, ist eine erfundene, irreale Gestalt. Es redet mit dem gefangenen Boethius der nicht gefangene Boethius; es redet mit ihm seine eigene *anima*, welche dadurch frei ist, daß sie den Blick gerichtet hält auf die göttliche Verbürgung allen Sinnes in der Welt – womit übrigens die boethianische Definition sowohl der geistigen Freiheit[14] wie auch der Philosophie fast im Wortlaut[15] wiedergegeben ist. Die »Dame Philosophie«, die in die Gefängniszelle tritt, ist also nicht ein Schemen, das fremde Buchweisheit deklamiert; sie ist überhaupt nicht »jemand anders«, sie ist der innere Widerpart des Gefesselten selbst. Und die Größe der *Consolatio* liegt darin, daß die Spannung dieses Selbstgespräches ungemildert ausgetragen wird. Die brutale Realität des Schmerzes, des Unrechts, der Beraubung widersetzt sich jedem Versuch einer Beschwichtigung durch abstrakte Argumente. Anderseits hält sich die Wirklichkeit einer ewig unversehrbaren Ordnung unnachgiebig dem Blick entgegen. Keiner der beiden Partner schont den Anderen; keiner auch bringt den Anderen zum Schweigen. Die Themen des Gesprächs [»Wenn es Gott gibt: woher dann das Böse? Wenn es ihn nicht gibt: woher dann das Gute?«[16] – Ist es wahr, daß das Böse »eigentlich« gar kein Sein besitzt? ⟨»Spielst du mit mir?« »Nein, wir spielen keineswegs«[17].⟩ Wenn wirklich die göttliche Vorsehung die Herrin der Geschichte ist, wie steht es dann mit der menschlichen Freiheit?[18]] – diese Fragen selbst sind von solcher Art, daß auch die geduldigste Bemühung nicht zu einem perfekten Resultat zu gelangen vermöchte. Und so kann das Buch nicht mit einer formelhaften Konklusion enden. Zwei seiner Eigentümlichkeiten machen das vollends unmöglich: erstens der Wille, den Sachverhalt bis an die Grenze des für die Vernunft Denkbaren aufzuhellen; und zweitens die Weigerung, irgendeine »Lösung« zu erkaufen mit der Verschweigung einer einzigen Schwierigkeit. – Dennoch geschieht am Ende wirkliche Tröstung. Sie liegt darin, daß dem vom Schmerz Geblendeten eine neue Dimension der Welt vor die Augen kommt, und daß der in der Klage über den erlittenen Verlust Befangene des unaufzehrbaren Reichtums gewahr wird, der in seiner Einbeschlossenheit in jene größere und wirklichere Wirklichkeit besteht.

*

Nach alledem begreift man es leicht, daß Boethius zu den »Gründern«[19] des Mittelalters gezählt wird – wenn nicht wegen der Wirkung des Buches von der Tröstung, dann auf Grund der mittlerischen Leistung des Übersetzers [im weitesten Sinn] und des Kommentators. Er vor allem hat ja jenen durch Jahrhunderte sich erstreckenden Lern-Prozeß ermöglicht und in Gang bringen helfen, der die wichtigste Strähne der mittelalterlichen Geistesgeschichte ausmacht und von dem her ein unterscheidender Zug im Antlitz der Scholastik, das »Schulmäßige« an ihr, verständlich wird. Und dennoch ist nicht dies der Grund, weswegen die Historiker der mittelalterlichen Philosophie Boethius den »ersten Scholastiker« zu nennen pflegen[20]. Dieser Beiname meint noch etwas Anderes. Er ist vor allem gemünzt auf den Verfasser einiger kleiner Abhandlungen über theologische Gegenstände, die man durchweg mit dem Sammelnamen *»opuscula sacra«* bezeichnet findet. Um dieser Abhandlungen willen wird Boethius ein »Vorgänger« des Thomas von Aquin[21] genannt; und von ihnen selbst heißt es, sie seien »die Erstlinge der scholastischen Methode«[22].

Es muß also gefragt werden, was des näheren das »Scholastische« an diesen Traktaten sei – wobei sogleich zu vermuten ist, daß damit ein neuer Aspekt dieses vielschichtigen Begriffs »Scholastik« zur Sprache kommen wird. – Worin also soll das gegenüber dem bisher Gewohnten »Erstmalige« der *opuscula sacra* des Boethius liegen? Er selber habe es, so wird uns geantwortet, klar formuliert – zum Beispiel in der Einleitung zu dem Traktat über die Dreieinigkeit, dessen Thema, wie der Titel *[Quomodo Trinitas unus Deus ac non tres dii?]* es genauer sagt, die Frage ist, in welchem Sinn die Trinität Ein Gott sei und nicht drei Götter. Dort steht zu lesen, daß er, Boethius, die Absicht habe, diese schwierige und schon vielmals durchdachte Lehre deutlich zu machen, so weit nur die Vernunft trage – was offenbar nichts anderes besagen will, als daß es darauf abgesehen sei, die Glaubenswahrheit von der Dreipersönlichkeit des Einen Gottes für das natürlich-vernünftige Denken möglichst einsichtig oder doch faßlich zu machen. Wieso aber, fragt man sich, soll das etwas umstürzend Neues sein? Hat nicht Augustinus in genau der gleichen Absicht sein großes Buch über die Trinität geschrieben? Ist nicht außerdem die Bemühung um ein rationales Verständnis des Geglaubten etwas zu jeder Zeit völlig Selbstverständliches – und also keineswegs etwas unterscheidend »Scholastisches«? Diese Fragen zielen, wie ich glaube, auf etwas unbestreitbar Richtiges. Es wird davon später noch zu sprechen sein. – Dennoch ist nicht zu leugnen, daß bei Boethius wirklich etwas Neues geschieht, etwas, das ihn von dem, was vorher ist, unterscheidet. Das Neue liegt zunächst in der programmatischen Ausdrücklichkeit; es liegt darin, daß ein bisher zwar faktisch geübtes Verfahren bewußt als Prinzip formuliert

wird. Dies geschieht völlig klar in einem anderen Traktat des Boethius; auch er, eigentlich nur ein Brief von zwei-drei Seiten, handelt von der Trinität *[Utrum Pater et Filius et Spiritus Sanctus de Trinitate substantialiter praedicentur]*. Der letzte Satz also dieses, an den späteren Papst Johannes I. gerichteten Briefes lautet folgendermaßen: »Verknüpfe, soviel du vermagst, den Glauben mit der Vernunft«; *fidem, si poteris, rationemque conjunge.* Neu ist vor allem auch die methodische Radikalität, mit der Boethius das Prinzip der denkenden Durchdringung der Glaubenswahrheit ins Werk setzt und durchhält: nicht ein einziges Bibel-Wort findet man in diesen Traktaten angeführt, obwohl sie doch von nahezu rein theologischen Gegenständen handeln. Dies ist in der Tat etwas erstaunlich Erstmaliges – das nun auf vielfache Weise Nachfolge und Weiterführung erfahren wird: in der mittelalterlichen Scholastik. Eben das ist gemeint, wenn Boethius der »erste Scholastiker« und einer der Initiatoren[23] der Scholastik genannt wird.
Aber natürlich ist damit etwas ausgesagt nicht allein über Boethius, sondern zugleich auch über das Wesen der Scholastik. Nicht als sei hierdurch schon das rationalistisch »Un-Biblische« zum unterscheidenden Kennzeichen der Scholastik erklärt – obwohl auch dies immer wieder einmal, und wahrhaftig nicht ohne jeden Anlaß, geschehen ist[24]. Wohl aber ist – völlig zutreffend – gesagt und gemeint, daß die von Boethius zum ersten Mal ausdrücklich

proklamierte Verknüpfung des Geglaubten mit dem Gewußten zu den unterscheidenden Merkmalen der Scholastik gehöre und daß also ihre Eigenart bestimmt [oder doch mitbestimmt] sei durch das besondere Gewicht, das der Vernunft zugesprochen werde im Verhältnis zum Glauben. – Übrigens ist, wie man sieht, dieser Aspekt der Scholastik dem früher schon genannten durchaus benachbart und verwandt: das »Schulmäßige« paßt gut zusammen mit der Rationalität.

Wie sehr nun diese letztere tatsächlich die ganze Scholastik kennzeichnet, das ist überall abzulesen. Ihre, der Scholastik, hohe Zeit ist ja geradezu hierdurch definiert, daß die führenden Geister, Thomas etwa und Bonaventura, jene Zuordnung von gläubiger Hinnahme der offenbarten und überlieferten Wahrheit einerseits und der rationalen Argumentation anderseits mit völlig konsequenter Entschiedenheit, freilich auch mit äußerst genauer und differenzierter Zuteilung der Ansprüche, verwirklichen. Auch Bonaventura, wiewohl von Natur mehr dem »affektiven« und symbolischen Denken der Mystik zugeneigt, spricht mit großer Selbstverständlichkeit, übrigens gleichfalls in einem Traktat über das Mysterium der Dreieinigkeit[25], von der Aufgabe, das der Autorität Geglaubte so weit als möglich mit der Vernunft, *per rationem*, zu erfassen.

Daß damit etwas durchaus Schwieriges unternommen wird, das von Anfang an nur wenig Hoffnung läßt auf ein für alle Mal beständige Lösungen, liegt klar zutage. Genauer gesagt, ist es so, daß Thomas und Bonaventura die gefährliche Explosivität jener Verknüpfung von Glauben und Vernunft zwar zu einer kontrapunktisch gefügten Spannungseinheit zu schließen und zu befrieden vermögen: eben das macht die »klassische Fülle« des kurzen Augenblicks aus, den wir »Hochscholastik« nennen. Aber man darf wohl sagen, daß die hier geforderte ungeheure Anstrengung des Gedankens selbst von diesen Großen kaum hätte geleistet und durchgehalten werden können, wenn nicht auch die besondere Gunst der geschichtlichen Stunde einen solchen glückhaften Einklang ermöglicht hätte. Durch das Hereinfluten neuer Wirklichkeitserfahrungen wird dieser Einklang dann sehr bald wieder aufgelöst. Und es ist beileibe nicht bloßer Mutwille, wenn unter der Wucht dieser Erfahrungen nicht nur die gemäß dem Prinzip des Boethius anzustrebende »Synthese« nicht mehr zustande kommt [sie ist, so scheint mir, bis auf den heutigen Tag noch nicht wieder gelungen, und dies aus guten Gründen nicht]. Man kann es überdies verstehen, daß und warum eines Augenblicks sogar die Gültigkeit des Prinzips selber hat fraglich werden können – womit dann freilich zugleich das Ende der scholastischen Epoche und des Mittelalters überhaupt gekommen ist. Der Anfang wird rückgängig gemacht: in der ausdrücklichen – resignierenden oder auch polemisch-aggressiven –

Verneinung des Grundsatzes, den der »erste Scholastiker« programmatisch ausgesprochen hat. Der Mann, den man als den »letzten Scholastiker« bezeichnen könnte, wenn er nicht schon einer anderen, der kommenden Epoche zuzurechnen wäre, Wilhelm von Ockham, wird die These aufstellen: Glauben sei *eine* Sache und Wissen eine *andere* Sache; eine Verknüpfung aber zwischen beiden sei weder sinnvoll möglich noch auch erwünscht.

*

Es muß nicht allein Lehrende geben, die sich Gehör zu verschaffen wissen; und es bedarf, auf der Seite der Aufnehmenden, nicht nur der Fähigkeit und des lebendigen Willens, zu lernen. Noch etwas ganz anderes ist vonnöten, damit die Weitergabe des Überlieferten von Geschlecht zu Geschlecht zustande komme; ohne solche Tradierung aber, das ist klar, gibt es keine Bewahrung und erst recht keine Anreicherung des überkommenen Bestandes. Vonnöten ist dazu auch die *Schule* – »Schule« verstanden in dem ganz besonderen, ursprünglichen Sinn dieses Wortes *scholé,* welches so viel bedeutet wie einen Ort der Muße. Das heißt: inmitten der menschlichen Gesellschaft muß ein Raum frei gehalten werden, in welchem die Erfordernisse der Notdurftstillung und der Existenzsicherung schweigen; ein Raum, der abgeschirmt ist gegen die Zwecksetzungen und Dienstbarkeiten der Praxis, und in dessen Hegung Lehren und Lernen wie überhaupt das Sich-Kümmern um »nichts sonst als die Wahrheit« unbehelligt geschehen kann.

Soziologisch betrachtet, kann solche »Immunität« sich in mancherlei Gestalt konkret verwirklichen. Im Falle der Akademie Platons ist es der Reichtum der *leisure class*, der Oberschicht einer auf Sklaverei gegründeten Gesellschaft, der den freien Raum des Philosophierens garantiert. Auch der Hof des Theoderich ist solch ein Hegungsraum gewesen. Nur ist seine Gründung von Anfang an nicht von dem Versprechen der Dauer begleitet. Allem prunkenden Anschein zum Trotz bleibt dieser Hof im Grunde so etwas wie eine Wagenburg, die im Gewoge einer politisch unbefriedeten Welt für eine Zeitlang Schutz und Atemraum zu gewähren vermag. Aber bereits ein Jahrzehnt nach dem Tode des Boethius beginnt der durch zwanzig Jahre hin das Land verheerende Vernichtungskrieg gegen das von Theoderich aufgebaute Reich. Als er zu Ende ist, gibt es »keine Goten in Italien mehr«[26]. Und wiederum gut ein Dutzend Jahre später bricht über die Siegermacht der Langobardensturm herein, der den verwüsteten römischen Reichsboden aufs neue für zwei-drei Menschenalter in ein Schlachtfeld verwandelt.

Wenn also Boethius, da er stirbt, noch der Zuversicht sein kann, die Festigkeit des alten Rom möchte sich der Neugründung des Theoderich mitgeteilt haben, so ist diese Täuschung seinem jüngeren

Amtsgenossen *Cassiodor,* der ihn freilich um mehr als ein halbes Jahrhundert überleben wird, nicht mehr möglich. Und Cassiodor wird es sein, der das gemeinsam begonnene Werk in eine neue Freistatt rettet. Fast auf tausend Jahre hinaus ist Boethius der letzte »Weltmann« der europäischen Philosophiegeschichte. Cassiodor wird als fünfzigjähriger Mann, auf der Höhe des Lebens, die Welt verlassen, um von nun an in der Abgeschiedenheit eines Klosters zu wirken. Dies Kloster, Vivarium in Süditalien, ist Cassiodors eigene Gründung.

Gleich Boethius ist auch Cassiodor, dessen Familie allerdings syrischer Herkunft ist, Römer von Geburt. Auch er geht an den Hof des Theoderich und gelangt dort, als *magister officiorum,* zu bedeutendem Einfluß. In dem Konflikt um Boethius scheint der diplomatisch wendige und verbindliche Cassiodor nicht völlig klar Stellung genommen zu haben. Manches deutet darauf hin, daß der Verurteilte sich von seinem Freunde, der wohl überdies auch sein Schüler gewesen sein mag, im Stich gelassen fühlt. Jedenfalls wissen wir, daß Cassiodor später auf den Ankläger des Boethius eine offizielle Lobrede gehalten hat. Wie dies aber auch zu deuten sei, wichtiger ist wohl, daß Cassiodor der gemeinsam mit Boethius in Angriff genommenen Aufgabe treu bleibt. Und hierdurch wird auch er, als Bewahrer und Übermittler, einer der Erzväter der heraufziehenden Epoche. Seine eigentliche Leistung liegt dabei nicht sosehr im unmittelbaren

Lehren als vielmehr auf dem Felde des Administrativen. Cassiodor ist eher so etwas wie ein Kultusminister gewesen. Es paßt zu seiner Art, daß er den Plan faßt, im Zusammenwirken mit dem Papst Agapetus in Rom eine Universität zu gründen, und zwar nach dem Vorbild von Alexandrien und Nisibis in Syrien. Dies würde die erste Universität im lateinischen Westen, im Abendland also, geworden sein – wenn das Unternehmen geglückt wäre. Das Mißlingen ist allerdings kein Zufall: es fehlt die Voraussetzung der politischen Stabilität. Ebendieser Fehlschlag ist eine von den Erfahrungen, die Cassiodor schließlich bestimmt haben müssen, das politische Amt zu verlassen. Dem diagnostischen Blick dieses Staatsmanns und Geschichtsschreibers[27] kann es nicht verborgen geblieben sein, daß die öffentlichen Gewalten nicht weiter imstande sind, das geistige Erbe zu schützen und zu verwalten, und daß es nunmehr zu dessen Bewahrung eines auf völlig andere Weise verbürgten Hegungsraums bedarf. In jenen Zeitläuften aber gibt es schlechterdings keinen anderen Ort, an dem geistiges Leben zu wachsen vermöchte, als das gerade erst gegründete klösterliche Ordnungsgeviert, beruhend auf der organisierten Anspruchslosigkeit der religiös geformten Gemeinschaft[28]. »Wir können es nicht leugnen, wenn wir auch wollen« – so ist bei Johann Adam Möhler[29] zu lesen – »damals wollte keine Pflanze gedeihen als die, welche im Kloster keimte und wuchs«. Der Schritt, von dem man nicht ohne einen Beiklang von Bedauern gesagt hat, er symbolisiere den Eintritt der antiken Kultur in die enge Zelle des Mittelalters – diese Übersiedlung des Cassiodor in die Abgeschiedenheit von Vivarium hat tatsächlich den Charakter der Rettung und des Neubeginns. Cassiodor nämlich bringt seine riesige Bibliothek, die das gesamte Schrifttum der griechisch-römischen Dichtung, Philosophie und Geschichtsschreibung umfaßt zu haben scheint, ins Kloster ein. Und er ist es, der den mönchischen Brauch des Übersetzens und Abschreibens klassischer Texte begründet – mit dem Resultat, daß fast der gesamte uns heute bekannte Bestand antiker Literatur, einschließlich der höchst unfrommen Komödien von Plautus und Terenz, auf keine andere Weise bewahrt und überliefert worden ist als durch das Wirken der Klosterschreibstuben des frühen Mittelalters.

*

Doch hat Cassiodor auch in einem eigenen Buche versucht, die Substanz des zu seiner Zeit formulierbaren Erkenntniserbes gegen das Vergessenwerden zu schützen. Das doppelteilige Werk, das unter dem abkürzenden Titel *Institutiones* zitiert zu werden pflegt, enthält eine Elementarlehre sowohl der theologischen Disziplinen als auch der sieben freien Künste. Man kann wohl sagen, daß in diesen *Institutiones* kaum eine Spur von denkerischer

Originalität zu entdecken ist. Es scheint sich einfach um eine Zusammenstellung von Inhaltsangaben anderer Bücher zu handeln, um eine bloße Aufzählung von Kapitelüberschriften, Definitionen und Einteilungen. Und es sieht nicht nur auf den ersten Blick so aus, sondern so ist es in Wirklichkeit. Genau dies aber ist damals notwendig. Es ist, wie wenn sich ein Mann, der eine gefahrvolle Flucht aus der Heimat plant oder unausweichlich werden sieht, im Telegrammstil Notizen macht: als Gedächtnishilfe für später. In sich betrachtet, machen solche Notizen keine sonderlich eindrucksvolle Figur. Ihren Wert ermißt nur, wer fähig ist, sie in Beziehung zu sehen zum früheren Zustand, wovon sie Erinnerungszeichen sind, und zur künftigen Zeit, in der sie genutzt werden und zur Frucht kommen sollen. Vielleicht ist es nicht so unaktuell, zu bedenken, in welcher Gestalt das Erbe manchmal tatsächlich bewahrt und gerettet worden ist – und möglicherweise in Zukunft wieder einmal wird bewahrt und gerettet werden müssen. Offenbar ist zu Zeiten nichts anderes möglich, als daß der anvertraute Schatz erhalten und weitergegeben wird in Gestalt höchst unscheinbarer, anscheinend verdorrter Samenkörner, die aussehen, als seien sie eine Handvoll Staub. Aber es kommt nicht darauf an, wie sie aussehen, sondern ob sie keimfähiges Saatgut sind, das eines Tages, unter neuen, günstigeren Bedingungen, wieder zu grünen und zu fruchten vermag. – Ebendies aber trifft für die *Institutio-*

nes des Cassiodor in hohem Maße zu. Mag es noch sosehr richtig sein, daß er nicht viel mehr als ein bloßer Kompilator und Sammler ist; jedenfalls ist er ein Sammler mit dem Blick für das, was der Mühe wert ist. So werden seine *Institutiones* ein Quellenbuch und eine Fundgrube für die folgenden Jahrhunderte. Die großen Schulmeister Alkuin und Hrabanus Maurus zum Beispiel sind ohne diesen Vorrat keimfähigen Saatguts kaum zu denken. – Auch einige der klassischen Begriffsbestimmungen der Philosophie, die ja nie als bloß abstrakte Kennzeichnung gemeint, sondern, zu jeder Zeit, die Reichweite menschlicher Erkenntnis wachzuhalten bestimmt sind: Philosophie sei Erkenntnis der göttlichen und menschlichen Dinge, so weit sie uns erreichbar ist; Wissenschaft von den Wissenschaften; Betrachtung des Todes und Sterbenlernen; möglichste Verähnlichung mit Gott – auch diese Definitionen finden sich, als knappe Stichwort-Notizen, aufbewahrt in den *Institutiones*[30]. Und wenn auf solche Weise unverloren geblieben ist, was Pythagoras, Platon, Aristoteles, die Stoa, Cicero, Seneca, die Neuplatoniker, Augustinus und die Schule von Alexandrien über das Wesen des philosophischen Aktes gedacht haben, dann ist das, wiederum, niemandem anders zu danken als diesem getreuen Bewahrer an der Schwelle des Mittelalters, Cassiodor.

III

Auf eine äußerst seltsame, fast abenteuerliche Weise wird der innersten Gefährdung, welche die mittelalterliche Scholastik von Anfang an bedroht, ein Korrektiv beigegeben, und zwar gleichfalls von Anfang an. Die Gefährdung kann mit einem einzigen Wort benannt werden: Rationalismus. Die Verknüpfung von Vernunft und Glaube, die Boethius proklamiert hat und die besagt, daß ein rationales Verständnis des in der Offenbarung ergangenen Wortes Gottes zu erreichen sein müsse – dieses Prinzip beruht offenkundig auf einem ausdrücklichen tiefen Vertrauen in die natürlichen Erkenntniskräfte des Menschen. Allerdings kann dies Vertrauen vielerlei bedeuten, wie auch mit dem »rationalen Verständnis« des Geglaubten sehr Verschiedenes gemeint sein mag. Es ist klar, daß ohne ein Minimum an Verständnis der Glaube selbst als menschlicher Akt gar nicht vollziehbar wäre. Niemand kann einer schlechthin unverständlichen Botschaft Glauben schenken; und wer nicht begriffen hätte, wovon überhaupt die Rede ist, der vermöchte nicht einmal das Wort Gottes selber gläubig anzunehmen. Ein »rationales Verständnis« des Zu-Glaubenden ist also insoweit unabdingbar, daß der Glaubende »wissen« muß, was die göttliche Rede überhaupt besagt. Etwas radikal Anderes ist demgegenüber der Anspruch, die Offenbarung Gottes durch rationale Ergründung so gänzlich einsichtig machen zu können, daß damit der Charakter des Mysteriums einfachhin aufgehoben wird und folglich Offenbarung wie Glaube als gleichermaßen überflüssig erscheinen. Ebendies verstehe ich hier unter »Rationalismus«; er schließt die Behauptung in sich, es könne nichts geben, das die Fassungskraft der menschlichen Vernunft schlechthin übersteigt.

Nun sind zwar die Großen der mittelalterlichen Philosophie, obwohl sie jenes Prinzip der Verknüpfung von Glauben und Vernunft auf das entschiedenste bejahen und realisieren, gerade daran zu unterscheiden, daß sie einen solchen Anspruch von sich weisen[1] – wozu jedoch sogleich anzumerken ist, daß es in ihren Schriften äußerst trügerische Formulierungen gibt, die den unvorbereiteten heutigen Leser fast unvermeidlich in die Irre führen. Thomas von Aquin zum Beispiel spricht viele Male von »Beweis« *[demonstratio]*, wo er in Wirklichkeit nur einen »Konvenienzgrund« darzulegen sucht; und dies ist etwas gänzlich Anderes als ein Beweis im modernen Wortverstand. Einen »Konvenienzgrund« darlegen heißt nämlich nichts weiter als zeigen, daß und in welchem Sinn die Wahrheit des Glaubens »stimme« und »passe« zu dem, was wir auch aus Eigenem, auf Grund von Erfahrung und Vernunftargument, wissen. – Dennoch aber muß gesagt sein, daß die Scholastik im Ganzen, und zwar kraft ihres prinzipiellen Ansatzes, die Gefahr einer Überwertung des rationalen, das heißt, des argumentierenden, schlußfolgernden

Denkens in sich birgt. Bereits in der Trinitätsspekulation des »ersten Scholastikers« Boethius zeigt diese Gefahr sich deutlich genug; und in den »zwingenden Gründen« *[rationes necessariae]*, mit denen Anselm von Canterbury die Heilsgeschichte ableitet[2], beherrscht sie schon fast das Feld. Wenn trotzdem, wie gesagt, die großen Meister sie zu überwinden und zu bannen vermögen, dann dürfte das nicht ohne Zusammenhang sein mit jenem von Anfang an wie eine Warnung anwesenden Korrektiv, von dem nun des näheren zu sprechen ist.

*

Es handelt sich um einen der unwahrscheinlichsten Vorgänge in der Geistesgeschichte überhaupt. Der wahre Name der Hauptfigur, über den ein Jahrtausend sich getäuscht hat [fast muß man sagen: sich hat täuschen lassen], ist bis heute unbekannt, obwohl ein beträchtliches Maß an Forschungsmühe darauf verwandt worden ist, ihn zu ermitteln. Das Pseudonym, hinter dem diese rätselhafte Figur sich so erfolgreich verborgen hält, lautet: *Dionysius Areopagita.* Der Name stammt, wie jedermann weiß, aus dem Neuen Testament: als Paulus auf dem Areopag zu Athen seine Ansprache über den »unbekannten Gott« gehalten hat, schließen einige Athener sich ihm an und werden gläubig, unter ihnen das Mitglied des Areopags, Dionysius [Apg. 17,34]. Unter diesem Namen also ist eine

Anzahl von Schriften auf uns gekommen, einige Briefe sowie vor allem die in griechischer Sprache verfaßten Bücher: »Über die Namen Gottes«, »Über die himmlische Hierarchie«, »Über die kirchliche Hierarchie«, »Über die mystische Theologie«. Der Verfasser nennt sich, wie gesagt, Dionysius und behauptet, ein Schüler des Apostels Paulus zu sein – was aber auf keinen Fall wahr sein kann. Unter den Historikern herrscht eine nahezu völlige Übereinstimmung darüber, daß dieser »Pseudo-Dionysius«[3] ein, wahrscheinlich syrischer, Zeitgenosse des Boethius gewesen sein muß, dessen Schriften auf die Zeit um 500 weisen. Es wird wohl immer ein Rätsel bleiben, warum der Verfasser seinen Namen verschweigt und das Pseudonym mit offenbaren Erfindungen glaubhaft zu machen sucht [zum Beispiel, daß er Zeuge des Todes der Jungfrau Maria gewesen sei]. Man hat vermutungsweise von »pietistischer Spielerei«[4] gesprochen; man hat zu bedenken gegeben, möglicherweise habe ein ehedem neuplatonischer Konvertit die christliche Lehre seinen früheren Gefährten dadurch nahebringen wollen, daß er sie dem von Paulus bekehrten, gebildeten Athener in den Mund legte[5]. Es gibt freilich auch die robustere These, die schlichtweg von »zweifelhaftem Charakter«[6] und von »Schwindel«[7] spricht: »um sich Ansehen und Autorität zu verschaffen, macht er sich zum Apostelschüler«[8].

Wie auch immer dies in Wahrheit sich verhalten

mag – die unter dem Namen des Dionysius Areopagita überlieferten Schriften haben faktisch im Abendland durch mehr als tausend Jahre einen mächtigen, gar nicht abzuschätzenden Einfluß ausgeübt, und zwar *weil* sie der fast schon kanonischen Autorität des Paulusschülers zugeschrieben worden sind. – Zwar ist die Echtheit der Schriften sogleich bei ihrem ersten Auftauchen in Zweifel gezogen oder vielmehr einfachhin bestritten worden; bei einem Religionsgespräch in Konstantinopel, um das Jahr 532, weist der Bischof Hypatios von Ephesus die Berufung auf sie als völlig belanglos zurück: wäre wirklich der Paulusschüler Dionysius Areopagita ihr Verfasser, dann hätten Athanasius und Cyrill von Alexandrien sie gewiß gleichfalls gekannt und zitiert. Aber seltsamerweise verstummt dieser Verdacht sehr bald. Gregor der Große [gestorben 604] hegt bereits keinerlei Zweifel mehr; und wenige Jahrzehnte später schon schreibt der große griechische Theologe Maximus Confessor [gestorben 662] die ersten Kommentare. Damit beginnt eine jahrhundertelange Reihe, in der auch Albertus Magnus und Thomas von Aquin ihren Platz haben. Albert, der sämtliche areopagitischen Schriften kommentiert, ist der Meinung, der Heilige Geist selbst sei ihr wahrer Autor [9]; und Thomas spricht davon, daß Dionysius die Visionen seines Lehrers Paulus aufgezeichnet haben soll [10]. »Fast wie die Bibel selbst« [11] werden die Schriften dieses Unbekannten verehrt. Der Einfluß des heiligen Augustinus auf die spätere Entwicklung der Mystik sei zwar, so sagt Evelyn Underhill[12], sehr groß, doch bedeute er »nichts« – »im Vergleich zu jener merkwürdigen, namenlosen Persönlichkeit, die ihre Werke dem Areopagiten Dionysius, dem Freund des heiligen Paulus, zuzuschreiben beliebte«. Sobald nur, zum Beispiel, die »Mystische Theologie« ins Englische übersetzt gewesen sei, habe sie, nach den Worten eines alten Schriftstellers, »wie ein rasches Wild« England durchlaufen[13].

Im lateinischen Westen, vor allem in Frankreich, erhält übrigens diese Autorität noch zusätzliches Gewicht – und dies wiederum auf Grund einer irrigen Identifizierung. Als der byzantinische Kaiser Michael im Jahre 827 ein Exemplar der areopagitischen Schriften an Ludwig den Frommen schickt, bittet dieser den Abt von St. Denis, einen Schüler Alkuins, Hildwin mit Namen, er möge alle nur erreichbaren Nachrichten sammeln, die Dionysius, den Pariser Märtyrerbischof [des dritten Jahrhunderts] betreffen, der ebendiesem Kloster St. Denis den Namen gegeben hat und in seiner Krypta begraben liegt[14]. Daraufhin schreibt Hildwin, anscheinend auch der erste Übersetzer der areopagitischen Schriften, seine *Vita Dionysii*, worin der Pariser Bischof mit dem Schüler des heiligen Paulus und beide mit dem Verfasser der aus Byzanz hergelangten Bücher gleichgesetzt werden. Und wenn Dionysius Areopagita im dreizehnten

Jahrhundert an der Universität Paris unbestritten als einer der großen Lehrer der Christenheit gilt[15], so dürfte auch dies ein wenig zu solchem Ruhm beigetragen haben. Aber noch Franz von Sales, ein Zeitgenosse des Descartes, wird den Autor des Buches »Über die Namen Gottes« als den »großen Apostel Frankreichs« rühmen[16].

Mag man aber nun von naiven Irrtümern sprechen, von mehr oder weniger frommem Betrug, von der List des Weltgeistes oder auch von providentieller Fügung – es ist jedenfalls unbestritten, daß durch die Wirkung des areopagitischen Schrifttums im lateinischen Westen, im Abendland also, ein Element der Wirklichkeitsdeutung anwesend gehalten worden ist, das wahrscheinlich sonst, weil es dem bloß Rationalen nicht leicht zuzuordnen ist, zurückgedrängt worden und verschwunden wäre. Es ist ein östliches Element, das auf solche Weise präsent und wirksam bleibt. Unter allen großen griechisch-byzantinischen Schriftstellern gibt es nur einen, der auch nach dem Großen Schisma, das auf Jahrhunderte eine Mauer aufrichtet zwischen Ost und West, dennoch in die Schulen der westlichen Christenheit eindringt[17]: Dionysius Areopagita. Ja, man hat gesagt, durch Übersetzungen und Kommentare sei er geradezu selber, »durch Adoption«[18], zum Abendländer geworden.

Das ist freilich eine überspitzte Formulierung, die nicht allzu wörtlich genommen werden darf. Sosehr nämlich der westliche Geist der fruchtbaren

Beunruhigung und der Korrektur durch das areopagitische Ferment bedürftig ist – er selbst ist von Grund auf anders geartet. Und bereits sehr früh setzt sich die abendländische Christenheit zur Wehr gegen die Gefahr einer hier möglichen »Überfremdung«.

*

An diesem Punkt muß ein Wort gesagt werden über das Werk des *Johannes Eriugena*[19], der zu den merkwürdigsten Gestalten der mittelalterlichen Philosophiegeschichte gehört. Dieser Ire, in seinem bildungspolitischen Wirken ähnlichen Ranges wie der um Jahrzehnte frühere Alkuin, übersetzt, kurz vor dem Jahre 860, alle areopagitischen Schriften ins Lateinische[20]. Thomas von Aquin wird, vierhundert Jahre später, diese Übersetzung seinem Kommentar zugrundelegen. Aber Johannes Eriugena ist mehr als ein Übersetzer. Er nimmt die Gedanken des Dionysius Areopagita leidenschaftlich auf und denkt sie aus Eigenem weiter. Das Ergebnis ist eine Weltkonzeption, die man als »die erste metaphysische Synthese des Mittelalters«[21] bezeichnet hat. Von dem Hauptwerk des Johannes Eriugena, das schon in seinem Titel den aufs Ganze zielenden Ausgriff des Denkers zeigt: es handelt vom »Aufbau der Natur« *[De divisione naturae]* – von diesem Buch sagt Gilson[22], es habe für den lateinischen Westen einen Augenblick lang die

Möglichkeit, ja die Versuchung bedeutet, ein für alle Mal den Weg des Ostens zu wählen, wie er vorgezeichnet sei durch Dionysius Areopagita und Maximus Confessor – wodurch dann das abendländische Mittelalter ein völlig anderes Gesicht bekommen haben würde. Aber diese Möglichkeit oder Versuchung wird abgewiesen – indem die Kirche das Buch, vor allem wegen seiner Nähe zum Pantheismus, verurteilt. Dennoch scheint das Werk des Johannes Eriugena »von Jahrhundert zu Jahrhundert« [23] in der westlichen Christenheit eine zwar verborgene, aber beträchtliche Wirkung getan zu haben.

*

Natürlich hat das mit solch vehementer Bereitwilligkeit aufgenommene Schrifttum des Dionysius Areopagita auf die vielfältigste Weise im Abendland gewirkt. – Es ist zum Beispiel gar nicht anders zu erwarten, als daß der von Haus aus höchst rationale und also durchaus »westliche« Gedanke des *ordo* durch die areopagitische Grundvorstellung von der »Hierarchie« neue Bekräftigung, freilich auch eine Vertiefung und Ausweitung erfahren hat. »Hierarchie« nämlich besagt: Rangordnung innerhalb einer alle Wesen umfassenden, auf heilige Herrschaft gegründeten Gemeinschaft – wobei zugleich die »Ordnung« weniger als statisches Faktum gedacht ist denn als ein dynamischer, im Leben des Geistes immer neu zu leistender Vollzug[24]. – Auch der ur-platonische Gedanke von den *Stufen* des Aufstiegs zur Vollendung gewinnt durch Dionysius Areopagita in der abendländischen Spiritualität eine nie mehr verloren gegangene Kraft. »Reinigung–Erleuchtung–Einswerdung«: mit diesen areopagitischen Namen werden noch die großen spanischen Mystiker des sechzehnten Jahrhunderts, Teresa von Avila und Johannes vom Kreuz, den Weg des inneren Menschen beschreiben.

Hier aber soll des näheren einzig von der Warnung die Rede sein, welche das Werk des Dionysius Areopagita im Raum der mittelalterlichen Scholastik bedeutet. Diese Warnung läßt sich am ehesten bezeichnen mit dem abkürzenden Kennwort: *»negative Theologie und Philosophie«*.

Das wichtigste Buch des Dionysius handelt von den Namen, mit denen wir Gott benennen können. Wider alle bloß rationale Spekulation setzt es die entschieden biblische These, daß wir Gott überhaupt keinen geziemenden Namen geben können, wenn nicht er selbst ihn uns offenbart. Dann aber wird überdies gezeigt, daß sogar die geoffenbarten Namen unmöglich die Wesenheit Gottes adäquat ausdrücken können, sofern sie nämlich unserem endlichen Verstande faßlich und sagbar sein sollen. Zwar ist es sinnvoll, Gott »gerecht« zu nennen. Dennoch bedarf diese bejahende Aussage, um nicht falsch zu werden, sogleich der Korrektur durch die zugeordnete Verneinung. Unser Begriff »Gerechtigkeit« stammt aus der uns allein zugänglichen Erfahrungswelt, in welcher der Gerechte dem Anderen, mit dem er es zu tun bekommt, seine Schuldigkeit erweist: eben dies macht die Gerechtigkeit aus. Zum Wesen Gottes aber gehört es, daß er niemandes Schuldner ist. So kann es einen guten Sinn bekommen, zu sagen: Gottes Gerechtigkeit ist notwendigerweise so sehr »anders«, daß sie gar nicht im strengen Sinn »Gerechtigkeit« heißen kann. – Genau genommen können wir Gott nicht einmal »seiend« und »wirklich« nennen[25], da wir doch diese Begriffe von den Dingen hernehmen, denen Gott das Wirklichsein gegeben hat; und ebendies ist der Grund, weswegen er selbst unmöglich von der gleichen Art sein kann[26]. – Aber auch solche Verneinungen dürfen sich nicht schon für Gotteserkenntnis halten. Die »Mystische Theologie« schließt damit, auch die Verneinung wiederum zu verneinen: Gott übersteigt unendlich jede mögliche Aussage des Menschen, sei sie bejahend oder verneinend. – Übrigens wäre es unzutreffend, diese, wie man sieht, sehr prinzipielle Korrektur an jedem möglichen Rationalismus »irrational« zu nennen. Das würde den Sachverhalt fälschen; denn der Grund der »negativen« Aussagen ist nicht ein unausgewiesenes vages Gefühl, sondern die klare, »rationale« Einsicht, daß Gott die Möglichkeiten menschlicher Erkenntnis unendlich übersteigt.

Dies alles hätte sich die Scholastik zwar auch von Augustinus sagen lassen können. *Si comprehendis*, *non est Deus;* »was immer du begreifst, kann – ebendeswegen – nicht Gott sein«: das ist ein im Werke Augustins viele Male[27] wiederkehrender Gedanke. Wahrscheinlich aber hat es, gegenüber der sich selbst entdeckenden *ratio*, einer sogar noch Augustinus überbietenden Autorität bedurft – wie sie, fälschlich, dem *Corpus Areopagiticum* zugestanden worden ist. Und es ist in der Tat eine kaum zu vermutende Gewalt, mit der diese Schriften auf die Scholastik wirken, die doch nach einem völlig andersartigen Gesetz angetreten ist.

Bei Thomas von Aquin zum Beispiel, der in seinem letzten Lebensjahrzehnt einen Kommentar zu dem Buch »Über die Namen Gottes« geschrieben hat, gibt es außerdem über siebzehnhundert Zitate aus Dionysius Areopagita[28]. Nun gehört es zwar durchaus zu der selbsteigenen Größe des »allgemeinen Lehrers«, daß er jenes »unscholastische« Element der »negativen« Theologie und Philosophie energisch in das eigene Denken aufnimmt, als einen Widerpart der von Natur allzu sehr ins Positive drängenden *ratio*. Und sicherlich ist Thomas ganz und gar er selbst, wenn er in der *Summa theologica* auch dem »Anfangenden«, sogleich auf der Schwelle der Gotteslehre[29], den Satz zumutet: »Weil wir von Gott nicht wissen, was er ist, sondern nur, was er *nicht* ist, darum können wir auch nicht betrachten, wie er ist, sondern eher, wie er *nicht* ist«. Dennoch ist es ein bedenkenswertes Faktum, daß sich bei Thomas immer dann eine ausdrückliche Berufung auf Dionysius Areopagita findet, wenn er, oft genug mit befremdender Schärfe, von dem unzugänglichen Dunkel des Wirklichkeitsgrundes spricht. Drei solcher Sätze, jeder begleitet von einem formellen Hinweis auf eine areopagitische Schrift, sollen hier für viele andere stehen; seltsamerweise stammen zwei von ihnen aus dem Kommentar zu dem betont »aristotelischen« Traktat des Boethius über die Dreieinigkeit. – Der erste Satz: »Gott wird durch Schweigen geehrt – nicht weil wir von ihm nichts zu sagen oder zu erkennen vermöchten, sondern weil wir wissen, daß wir unvermögend sind, ihn zu begreifen«[30]. Zweitens: »Es wird deswegen von uns gesagt, daß wir am Ende unseres Erkennens Gott als den Unbekannten erkennen, weil der Geist dann als am weitesten in der Erkenntnis vorangeschritten gilt, wenn er erkennt, daß Gottes Wesenheit über alles hinausliegt, was er im Stande des Auf-dem-Wege-Seins zu fassen vermag«[31]. Der äußerst knappe dritte Satz aus den *Quaestiones disputatae*[32] ist wohl die radikalste »negative« Formulierung, die sich überhaupt im Werke des heiligen Thomas findet. Und übrigens wird man sich darüber doch nicht täuschen: die Geltung dieses Satzes, wie auch der beiden vorigen, ist nicht einzugrenzen auf den theologischen Bezirk; unvermeidlich ist dadurch die Selbsteinschätzung der menschlichen Vernunft überhaupt und das Weltverhältnis des Menschen im Ganzen betroffen [und vielleicht verändert]. Anders kann auch Thomas die folgende These nicht verstanden haben: »Dies ist das Äußerste menschlichen Gott-Erkennens: zu wissen, daß wir Gott nicht wissen«. – Zu allen dreien Malen aber ist, wie gesagt, Dionysius Areopagita ausdrücklich genannt[33]. Es ist seine Herausforderung, die in diesen Sätzen Antwort erfährt.

Doch ist Thomas von Aquin hier nur als Beispiel genannt, als ein Beispiel freilich von unvergleichlicher Repräsentanz. – Immer aber, wenn in der mittelalterlichen Philosophie von dem Dunkel die Rede ist, welches das helle Gehäuse der argumentierenden Vernunft umfängt, darf man die Nähe des Areopagiten vermuten. Gerade am Ende der scholastischen Epoche, im Werke des Nikolaus von Kues, tritt sie noch einmal in voller Deutlichkeit hervor. Auch wenn nicht noch heute in der Bibliothek zu Bernkastel-Kues mehrere Übersetzungen der areopagitischen Schriften, versehen übrigens mit zahlreichen handschriftlichen Randbemerkungen des Kardinals[34], zu finden wären – auch dann läge es klar zutage, daß die Lehre des Cusanus vom »wissenden Nichtwissen« der Überzeugung des Dionysius Areopagita verbündet ist, wonach alles Wirkliche unergründlich ist, ja, ein Mysterium im strikten Wortverstand.

IV

Wenn es im Mittelalter überhaupt einen philosophisch-theologischen Denker von Rang gibt, der nicht berührt worden ist vom Geiste des Dionysius Areopagita, dann ist dieser eine: *Anselm von Canterbury*. Undenkbar natürlich, daß der hochgebildete Benediktiner die areopagitischen Schriften, die längst zum Gemeingut geworden sind, nicht kennen sollte. Aber in seinem gesamten Werk wird der Name Dionysius genau ein einziges Mal erwähnt[1]; und diese Erwähnung, rein sachhaft erläuternden Inhalts, verrät nichts an ausdrücklichem Einverständnis. Das ist zunächst ein rein literargeschichtliches Faktum, das uns nicht weiter interessiert. Aber es deutet sich darin etwas an, wodurch die Eigenart Anselms von Grund auf bestimmt wird, nämlich die Abwesenheit jenes Korrektivs, von dem wir gesagt haben, daß es sich in der »negativen« Theologie des Dionysius Areopagita bereithalte. Hier liegt die Erklärung für Anselms offenbar von keinem selbstkritischen Verdacht getrübtes, wie Gilson[2] sagt, »praktisch unbegrenztes Vertrauen« in die Kraft der Vernunft, sogar die Mysterien des christlichen Glaubens positiv aufzuhellen.

Natürlich ist ein Theologe wie Anselm dagegen gefeit, jemals formell die These zu akzeptieren, es gebe nichts, das schlechthin über die Fassungskraft der menschlichen *ratio* hinausliegt. Dennoch ist es nicht im mindesten verwunderlich, daß sein Denken solchem Rationalismus immer wieder nahekommt. Und es dürfte heute kaum einen christlichen Theologen geben, der dem Heiligen und Kirchenlehrer Anselm von Canterbury diesen Vorwurf erspart[3]. Das braucht allerdings noch nicht zu bedeuten, daß damit die Großartigkeit seiner mit Leidenschaft formulierten gedanklichen Konzeption in Zweifel gezogen wäre. Könnte es nicht sein, daß die Größe Anselms, auch des philosophisch-theologischen Denkers, in etwas ganz Anderem begründet läge als in seinen ausdrücklich deklarierten Prinzipien, deren volle Bedeutung vielleicht nur realisierbar ist im existentiellen Kraftfeld dieses Mannes? Es läßt sich, wie mir scheint, in der Tat zeigen, daß es sich so verhält.

*

Wer, durch den Namen irregeführt, in Anselm einen Engländer vermutet hat, muß sich zunächst dahin belehren lassen, daß der spätere Erzbischof von Canterbury, bevor er auf diesen ersten Bischofssitz Englands berufen wurde, fünfzehn Jahre Prior und danach ebenso lange Abt des Klosters Le Bec im unteren Tal der Seine gewesen ist und also mit Fug als ein französischer Benediktiner bezeichnet werden könnte; es müßte dem aber noch hinzugefügt werden, daß seine Heimat dennoch nicht Frankreich ist, sondern Italien, genauer gesagt, Savoyen: er ist, im Jahre 1033, zu Aosta als Sohn eines langobardischen Adligen geboren.

Über die einigermaßen bewegte Lebensgeschichte Anselms sind wir gut unterrichtet durch die Biographie[4], die sein Schüler und Freund, der Mönch Eadmer, verfaßt hat. – Es beginnt damit, daß Anselm seinem väterlichen Hause den Rücken kehrt, über die Alpen nach Burgund zieht, das in seinem Geburtsjahr mit dem Deutschen Reich vereinigt worden ist, und schließlich in die Normandie, zur Benediktinerabtei Le Bec gerät – angezogen durch den Ruhm ihres gelehrten Priors Lanfranc. Auch er übrigens ist Langobarde, aus Pavia gebürtig; und der Weg, den er schon zurückgelegt hat, ist ebenso abenteuerlich wie der, den er noch vor sich hat. Mit dem Namen Lanfranc verknüpft sich einer jener dramatischen Lebensläufe, wie sie in der Geschichte der mittelalterlichen Philosophie gar nicht so selten sind. Ursprünglich Rechtslehrer und Verwaltungsfachmann in seiner Heimatstadt Pavia, wendet er sich, nicht allein der lateinischen, sondern auch der griechischen Sprache kundig, den *artes liberales* zu, das heißt in gewissem Sinn: der Philosophie. Von weit her strömen ihm die Schüler zu. Dann, auf einer Reise in Nordfrankreich, wird er überfallen, ausgeplündert und gefesselt liegen gelassen. Man findet ihn – und er verläßt, vielleicht auf Grund eines Gelöbnisses, »die Welt« und tritt als Mönch in das nahegelegene Kloster Le Bec ein. – Heute findet man auf französischen

Landkarten den Doppelnamen Le Bec–Hellouin. Diese Hinzufügung deutet auf den Namen des Klostergründers hin; und auch dieser Name umschließt so etwas wie eine »Saga«, deren knappe Daten in zwei Sätze zu fassen sind. Hellouin [Herluin], ein normannischer Ritter, macht von einem Tag zum andern aus seinem Landgut ein Kloster; er selbst wird später dessen Abt; das Lesen und Schreiben hat er zwar noch zu lernen, doch vermag er dem als Novize eintretenden Lanfranc Einsichten über das geistliche Leben mitzuteilen, die diesen gelehrten Mann in Erstaunen setzen[5]. Unter Lanfrancs Priorat wird dann das Kloster Le Bec zu einer der berühmtesten Schulen im westlichen Europa. Für Anselm ist dieser Ruhm Lanfrancs eine Zeitlang geradezu ein Grund, der ihn zögern läßt, dort als Mönch einzutreten. Eadmer[6] erzählt: Anselm habe sich gesagt, nach Cluny zu gehen, sei für ihn unmöglich, da man dort die Wissenschaft verachte; in Le Bec aber werde es wenig erfreulich sein, ständig von Lanfranc in den Schatten gestellt zu werden; er brauche einen Ort, »wo ich mein Wissen zeigen und Vielen hilfreich sein kann«. Hierzu freilich vermerkt der Biograph sogleich, Anselm habe dem später, sooft er von diesen Dingen erzählte, hinzugefügt: »Damals merkte ich noch nicht, wie schlimm das war, was ich da aus angeblicher Nächstenliebe sagte«.[7] – Lanfranc aber ist dem jungen Anselm nicht mehr lange im Weg. In dieser Zeit begibt sich die Eroberung Englands durch die Normannenherzöge; es beginnt die planmäßige Besetzung der Führungsfunktionen mit Franzosen; die Oberschicht Englands wird von nun an durch fast dreihundert Jahre französisch sprechen. Wilhelm der Eroberer versichert sich der Unterstützung des Juristen Lanfranc, indem er ihn zum Erzbischof von Canterbury beruft. – Inzwischen entfaltet Anselm in Le Bec, dessen geistiger Mittelpunkt er längst geworden ist, sein weithin ausstrahlendes Wirken. Nicht weniger als hundertachtzig Mönche treten während der fünfzehn Abts-Jahre Anselms in das Kloster ein. »Fast alle seid Ihr meinetwegen nach Le Bec gekommen, aber keiner ist meinetwegen Mönch geworden« – so sagt er selbst in seinem Abschiedsbrief[8] an seine Klostergemeinde. Der Sechzigjährige nämlich muß Abschied nehmen, als er der Nachfolger Lanfrancs wird auf dem erzbischöflichen Stuhl von Canterbury. Doch ist das eine allzusehr beschönigende Umschreibung der wirklichen, gewalttätigen Geschehnisse. Es geht so zu, daß Anselm, bei Gelegenheit einer Englandreise in Angelegenheiten seines Klosters, im Einverständnis mit dem König, wider seinen erklärten Willen in das Amt hineingezwungen wird: man öffnet mit physischer Gewalt seine Hand, legt sie um den Bischofsstab, man trägt ihn in die Kirche und singt, während der auf solche Weise »Erwählte« dies alles für ungültig erklärt, das Tedeum. Es bleibt aber dennoch dabei, zumal auch andere Bischöfe diese Nachfolge wünschen. –

Und nun kommen anderthalb Jahrzehnte eines zermürbenden Kampfes des Primas von England mit den Normannenkönigen.

Nach vierjähriger Amtszeit, als Anselm sich auf eine Reise nach Rom begibt – sie hat unter beschämenden Umständen begonnen: der König hat in Dover das ganze Schiff durchsuchen lassen; »Säcke und Ranzen wurden geholt und aufgeschnürt, alles Gepäck wurde nach Geld durchstöbert«, sagt Eadmer[9] – damals schreibt Anselm an den Papst: »Vielen ist es bekannt, heiliger Vater, daß ich mit Gewalt und sehr gegen meinen Willen und trotz meines Widerspruchs für den Bischofssitz in England eingefangen und dort festgehalten worden bin, und wie sehr ich den Leuten vorgehalten habe, daß meine Wesensart, mein Alter, meine Schwäche, meine Unkenntnis so gar nicht zu diesem Amte passen... Nun bin ich schon vier Jahre Erzbischof – und habe gar nichts erreicht. Ich habe nutzlos gelebt, in maßloser und abscheulicher Wirrsal der Seele, so daß ich Tag für Tag lieber fern von England zu sterben wünsche als dort zu leben«[10].

Diese Klage durchtönt unaufhörlich Anselms letzte Lebensjahre. Der Gefährte berichtet: »Gott ist mein Zeuge: ich habe ihn oft sagen hören, er wolle lieber als Knabe im Kloster vor der Rute des Magisters zittern denn im Amt des Hirten Primas von ganz England sein und in der Versammlung der Völker den erzbischöflichen Sitz innehaben«[11]. Sogar in die kontemplative Stille der theologischen Abhandlungen dringt gelegentlich ein solcher Schmerzenslaut. »In großer Herzenstrübsal« habe er dies Buch in England zu schreiben begonnen; »wovon und warum sie mir widerfahren ist – Gott weiß es...«: so heißt es etwa in der Vorrede zu *Cur Deus homo*.

Es wäre übrigens falsch, diese Klagen als bloße Wehleidigkeit eines Mannes zu nehmen, der sich seinem Amte nicht gewachsen fühlt. In Wirklichkeit ist Anselm dem König mit großem persönlichem Mut entgegengetreten, und auch keineswegs ohne bleibenden Erfolg für die Kirche in England. Bei Eadmer[12] findet sich der Bericht über ein Gespräch, in welchem Anselm dem König, der mit großer Heftigkeit gesprochen hat, zur Antwort gibt: »Er ist Herr; was er will, das sagt er. Ich aber weiß, wozu ich erwählt bin und was ich in England übernommen habe. Ich erkläre, daß es mir nicht ansteht, um vergänglicher Vorteile willen zu unterlassen, was in künftiger Zeit dank göttlicher Erbarmung der Kirche nützlich sein wird.«

Die Last des Amtes aber ist Anselm nicht mehr abgenommen worden. Im Jahre 1109 ist er, als Erzbischof von Canterbury, in England gestorben, fünfundsiebzig Jahre alt.

*

Es gibt zwei berühmte Wortprägungen, in denen Anselm das mehr als fünfhundert Jahre zuvor von

Boethius formulierte Prinzip der Verknüpfung von Glaube und Vernunft auf seine eigene präzise Weise neu ausspricht. Sie lauten: *fides quaerens intellectum* und *credo ut intelligam*. Mit der ersten Formulierung, welche die Suche des Glaubenden nach dem Verständnis des Geglaubten meint, faßt Anselm [13] den Inhalt des »Proslogion«, das eine seiner wichtigsten Schriften ist, zusammen; ursprünglich sollte dies der Titel des Proslogion sein. Die zweite Formulierung beschließt das erste Kapitel des gleichen Werkes. Übrigens ist der Satz *credo ut intelligam*, dessen Formelhaftigkeit zur mißbräuchlichen Verwendung geradezu aufzufordern scheint, fast wörtlich auch bei Augustinus [14] zu lesen; wie auch der Gedanke des Boethius bereits im Werke Augustins anzutreffen ist – worauf Thomas [15] beiläufig aufmerksam machen wird.

Auf Augustinus beruft sich viele Male auch Anselm selbst ausdrücklich und geradezu mit einiger Ausschließlichkeit. Man hat sogar gesagt [16], erst durch Anselms selbständig-energische Aneignung sei Augustinus, nach Jahrhunderten bloß sterilen Zitierens und Abschreibens, wieder zu einer lebendig wirkenden Kraft gemacht worden. Allerdings setzt diese anselmische Interpretation den Akzent auf eine ganz bestimmte Seite an Augustinus. Diese Seite gibt es zweifellos, aber sie ist nur ein Teil-Aspekt; es ist der Aspekt, unter welchem Augustinus, auch er, vornehmlich als ein »Repräsentant der *ratio*« [17] erscheint.

In der Vorrede zum »Monologion«, einem kleinen Traktat, der – wohlzubedenken – unter anderem ausführlich von der göttlichen Dreieinigkeit handelt, finden sich zwei Dinge, auf eine für Anselm höchst charakteristische Weise, beieinander: einerseits die programmatisch bekundete Absicht, die nun folgende Argumentation, entsprechend dem ausdrücklichen Wunsch der Mitbrüder, *nicht* auf die Heilige Schrift zu gründen, sondern allein auf die Vernunft; anderseits die zuversichtlich ausgesprochene Überzeugung, daß der Traktat nichts enthalte, das nicht in Einklang zu bringen sei mit der Lehre Augustins. Ebendiese beiden hier zusammengebrachten Elemente machen, so glaube ich, das Besondere der Position Anselms aus. – Es gibt, ein wenig vereinfachend gesagt, zwei verschiedene, immer wiederkehrende Möglichkeiten und »Modelle« der Überwertung der menschlichen Vernunft: die eine Möglichkeit meint das auf Empirie sich stützende, die andere das aus allgemeinen Prinzipien logisch ableitende Denken. Von diesen beiden Möglichkeiten nun scheint die zweite, der Rationalismus der logisch deduzierenden Vernunft, auf besondere Weise, wie eine innewohnende Gefährdung, der platonisch-augustinischen Weltansicht zugeordnet zu sein. Und es ist die Gefahr ebendieses »deduktiven Rationalismus«, die durch Anselm von Canterbury zum ersten Mal in der abendländischen Christenheit heraufbeschworen wird.

Nachdem inzwischen die damals noch in der Zukunft liegenden Folgen dieser Denkhaltung unheilvoll genug an den Tag gekommen sind, bringen wir es heute nicht zustande, ohne tiefe Beunruhigung und äußerstes Unbehagen zu lesen, welche rationalen Argumente Anselm für zureichend hält zum Erweis der christlichen Glaubenswahrheiten. Zum Beispiel soll die Erlösung durch den Gottmenschen auf Grund zwingender Vernunftgründe als notwendig erwiesen werden können – wobei ausdrücklich, »voraussetzungslos« und unhistorisch, von einem »Als-ob« aus argumentiert wird: »als ob von Christus nichts bekannt wäre«, und »als ob es ihn nie gegeben hätte«[18]. Oder es wird erklärt, im Himmelreich müßten »notwendig« menschliche Wesen an die Stelle der gefallenen Engel treten: »*weil* keine andere Natur da ist, aus der ihre Zahl ersetzt werden könnte«[19]. »Ohne jeden Zweifel ist zu behaupten, daß der Gottmensch aus einer Jungfrau geboren werden mußte«[20]. »Es ist notwendig, daß das Göttliche Wort und der Mensch sich zu Einer Person verbinden«[21]. Und so fort. Gilson[22] sagt zusammenfassend: »St. Anselm schreckte nicht vor der Aufgabe zurück, die Notwendigkeit der Trinität und der Menschwerdung Gottes zu beweisen«. – Man wird es danach nicht so völlig unbegreiflich finden, wie die Scholastik insgesamt hat in den Ruf kommen können, identisch zu sein mit der [vergeblichen] Bemühung, die Glaubenslehren einsichtig zu machen für die Vernunft, »durch ein einfaches Räsonnement zu beweisen, was geglaubt wurde« [wie Hegel[23] in bezug auf Anselm sagt].

Dennoch ist der Sachverhalt verwickelter; und es ist an der Zeit, dies zu bedenken. – Erstens ist zu vermuten, daß die wahre Tragfähigkeit der rationalen Argumentation gar nicht anders als »experimentell«, durch die tatsächliche Erprobung aller sich anbietenden Möglichkeiten, überzeugend hat ermittelt werden können. Wahrscheinlich also hat ein so radikaler Versuch wie der anselmsche vorausgehen müssen, damit die ausgewogene Einsicht möglich wird, die dann Thomas aussprechen wird: man könne durch zwingende Gründe zwar nicht das Geglaubte einsichtig machen, wohl aber zeigen, daß es nicht widervernünftig sei[24]; und solcher Gebrauch der Weltweisheit sei nicht eine Vermischung des Weines [der Theologie] mit dem Wasser [der Vernunft] zu nennen, sondern eher eine Verwandlung des Wassers in Wein[25].

Zweitens muß man sehen, daß Anselms unerschrockenes Experiment eine polemische Richtung gegen das Überkommene hat. Konkreter gesprochen, man muß wissen, von welcher Art zum Beispiel die Deutung der Menschwerdung Gottes ist, die in der Geschichte der Theologie der anselmschen Argumentation vorausliegt und durch sie ersetzt wird. Die bis zu Gregor dem Großen übliche Deutung lautet etwa so: seit der ersten menschlichen Sünde habe der Satan einen Rechtsanspruch auf die ganze Menschheit, der nur dadurch verfallen und unwirksam werden könne, daß der Satan sich unrechtmäßigerweise, auf Grund vielleicht sogar einer Täuschung, an einem ganz und gar sündelosen Menschen, an Christus, vergreife[26] – und so weiter. Dies erst gibt der Argumentation Anselms den völlig deutlichen Kontur. Anselm sagt, knapp zusammengefaßt, folgendes: Wenn die Ur-Schuld des Menschen auf solche Weise gelöscht werden sollte, daß sie nicht einfach vergessen, sondern wirklich »bezahlt« und »in Ordnung gebracht« würde, und das heißt auf solche Weise, daß die Würde nicht allein des Gläubigers, sondern auch des Schuldners respektiert blieb, dann mußte einer die Schuld »bezahlen«, der beides zugleich war: Gott und Mensch. Das ist die anselmsche Deutung, die seither in der Theologie, aufs Ganze gesehen, einhellig akzeptiert wird. Ein heutiger Christ vermöchte die frühere Auslegung nicht einmal mehr als abstrakte Möglichkeit in Betracht zu ziehen. [Für den Nicht-Christen übrigens, und vielleicht nicht nur für ihn, ist an diesem Punkt eine vorsorgliche Anmerkung vonnöten über den »Stellenwert« solcher Auslegungen überhaupt. Denn es sieht ja auf den ersten Blick so aus, als habe das »christliche Bewußtsein« in diesen Deutungen und »Theorien« seinen eigentlichen und also ständig *wechselnden* Inhalt. Dazu ist, scheint mir, folgendes zu sagen: Der Glaube des Christen hat es primär mit Tatsachen zu tun, nicht aber mit der Deutung von Tatsachen. Der Christ glaubt an etwas

Reales, aber, strikt genommen, nicht an diese oder jene Theorie über die Realität. Er glaubt an das in der Rede Gottes Offenbargewordene; aber er glaubt nicht eigentlich an die Theologie. Jene Deutungen aber, auch die anselmsche, sind Theologie. Und was soll das, hinter diesen Theologien, in Wahrheit allein Geglaubte sein? Antwort: Daß dem Menschen in der Ur-Zeit, als Strafe für eine Schuld, ein Verlust widerfahren ist, und daß der Mensch durch das Opfer des Gottmenschen befreit worden ist aus dem Zustand der Verschuldung und des Verlustigseins zugleich. Dies ist der seit je unverändert gleiche Inhalt des »christlichen Bewußtseins«.]

Noch etwas Drittes aber ist, zugunsten Anselms, zu bedenken. Sein »praktisch unbegrenztes« Vertrauen in die Aufhellungskraft der Vernunft setzt ausdrücklich den Glauben voraus. Man braucht nur das Proslogion[27] aufzuschlagen: »Ich suche nicht nach Vernunfteinsicht, um zu glauben; sondern ich glaube, um Einsicht zu gewinnen; ja, ich glaube auch dies: daß ich niemals zur Einsicht gelangen könnte, wenn ich nicht glaubte«. Und auch der Geheimnis-Charakter der Glaubenswahrheit wird von Anselm ausdrücklich anerkannt: »Was auch immer ein Mensch hierüber [über die Menschwerdung Gottes] zu sagen vermag – man muß wissen, daß eine so große Sache tiefere Gründe hat, die ihm noch immer verborgen sind«[28]. – Solches also steht gleichfalls in den Schriften Anselms zu lesen.

Allerdings gibt es, ganz in der Nachbarschaft des zuletzt angeführten Satzes, eine verdächtige Bemerkung, die sagt, es sei in der weiteren Argumentation nur in dem Sinne Gewißheit beansprucht, »daß es mir vorderhand *[interim]* so zu sein scheint, bis Gott es mir auf irgendeine Weise besser offenbart«[29]. Dies ist eine insofern verräterische Bemerkung, als sie nur scheinbar eine Bescheidung bedeutet; in Wirklichkeit ist ja gesagt, daß die *ratio* nicht vor dem Geheimnis, sondern nur vor der deutlicheren Einsicht, also vor dem stärkeren Argument kapituliere, bis dahin aber – vorläufig, inzwischen, bis auf weiteres – auf dem bestehe, wie es ihr »vorderhand zu sein scheint«. Es zeigt sich hier, wie sehr Anselms eigentliche Energie auf die positiven Möglichkeiten der argumentierenden Vernunft gerichtet bleibt, und daß er ihr notwendiges Versagen vor dem Geheimnis des Letzten Wirklichkeitsgrundes wohl *in abstracto*, rein begrifflich, nicht aber existentiell und, mit J. H. Newman zu reden, »real« zu erfassen vermag.
Wenn in der ungebrochen geradwüchsigen Persönlichkeit Anselms trotzdem Beides, *fides* und *ratio*, tatsächlich, wenngleich auf eine höchst besondere Weise verknüpft ist, dann nicht sosehr auf Grund einer klaren gedanklichen Zuordnung der Elemente als vielmehr dank der religiösen Einbewältigungskraft dieses ungewöhnlichen und heiligen Menschen. Gedanklich betrachtet ist die Verknüp-

fung eine Gewaltsamkeit, die unmöglich von Dauer sein kann. Sobald von Anselms Position aus, *ohne* die in seiner Person begründete und insofern zufällige Korrektur, weitergedacht wird, kann die Verknüpfung nicht durchgehalten werden, weil sie, wider die Natur und die Würde beider Glieder, von *einem* Gliede her konzipiert ist; sie muß sich auflösen in Richtung auf einen wie auch immer gearteten Rationalismus einerseits und auf eine Irrationalisierung des Glaubens anderseits.

*

Diese im frühen Mittelalter noch ungeschehene, vielleicht aber schon ahnbare Aufspaltung tritt auch in dem Schicksal des merkwürdigen Argumentes zutage, das in der Philosophiegeschichte das »anselmsche Argument« genannt zu werden pflegt. Kant wird von ihm als dem »ontologischen Gottesbeweis« sprechen[30]; er wird dabei allerdings nicht den Namen Anselms, sondern den des Descartes nennen – worin sich in etwa bereits die Richtung andeutet, in welcher der Gedanke weitergewirkt hat.

Anselm hat das Argument dargelegt in dem schon erwähnten »Proslogion«, das er als Prior von Le Bec, etwa fünfundvierzig Jahre alt, geschrieben hat. Die flammende Intensität des Denkens, die diesem Traktat die Signatur gibt, wird unmittelbar deutlich in dem, was Eadmer und auch Anselm selbst über sein Zustandekommen berichten. Bei Eadmer[31] heißt es, in dieser Zeit sei für Anselm weder an Schlaf noch an Essen und Trinken zu denken gewesen, und sogar das Stundengebet sei von dieser Unruhe berührt worden. Anselm selber berichtet, im Vorwort des Proslogion: nach Beendigung der früheren Schrift Monologion, dem »Beispiel einer Betrachtung über die Glaubensgründe«[32], habe er sich gefragt, »ob nicht vielleicht ein Argument aufzufinden sei, das außer seiner selbst keines weiteren Beweises bedürfte und also *allein* ausreichend wäre, sowohl das Dasein Gottes zu erweisen wie auch, daß er das höchste, unbedürftige Gut sei, dessen aber alle bedürfen, um da sein und gut sein zu können. Darüber habe ich oft angestrengt nachgedacht. Manchmal meinte ich schon zu greifen, was ich suchte, aber dann entschlüpfte es dem Zugriff meines Geistes wieder ganz und gar. Schließlich wollte ich schon dieses ganze Unternehmen aufgeben, weil es mir hoffnungslos und unmöglich schien, mein Ziel zu erreichen. Als ich dann aber versuchte, mir diese Gedanken aus dem Kopf zu schlagen ..., da stürmten sie, obwohl ich nicht wollte und mich dagegen wehrte, nur noch heftiger und nachdrücklicher auf mich ein. Eines Tages nun, ich war des Widerstandes schon müde geworden, bot sich mir, mitten im Streit der Gedanken, genau das dar, was je zu erfahren ich die Hoffnung schon aufgegeben hatte ... [Eadmer[33]: »Des Nachts, während er wachte, geschah es: das

Ziel seines Forschens lag offen vor seinem Geiste, und sein Inneres war ganz ausgefüllt von unermeßlicher Freude.«] Ich glaube, daß mancher Leser an der Niederschrift dieser Entdeckung, die mich so sehr erfreut, Gefallen finden wird: darum habe ich das vorliegende kleine Buch verfaßt.« – Kaum ist dieses Buch, das Proslogion, bekanntgeworden, da beginnt auch schon das Streitgespräch über dic anselmsche »Entdeckung« – und zwar mit einer Gegenschrift[34] des Mönches Gaunilo, die den aggressiv-witzigen Titel führt »Antwort für den Toren«, zugunsten und anstelle jenes Toren nämlich, der »in seinem Herzen spricht, daß kein Gott sei« [Ps 13, 1], und der sich, nach der Meinung Gaunilos, nicht schon durch Anselms Argument geschlagen geben müsse; worauf Anselm, ebenso elegant, wenngleich nicht völlig präzis, in einem neuen *opusculum*[35] antwortet: »Da der Einwand nicht von jenem Toren ..., sondern von einem kommt, der kein Tor ist, vielmehr ein katholischer Christ[36], mag es genügen, dem Christen zu antworten.« Die Diskussion, in welche später Thomas von Aquin, Descartes, Leibniz, Kant, Hegel eingreifen werden, ist noch heute im Gange. Einer der letzten bedeutenden Beiträge stammt aus dem Jahre 1931; sein Verfasser heißt Karl Barth[37].

Wie also lautet das Argument, das nach dem Anspruch seines Urhebers für sich allein zureichend sein soll, das Dasein Gottes zu erweisen? Auf eine knappe Formulierung gebracht, lautet es so: Gott ist das Wesen, über welches hinaus etwas Größeres nicht gedacht werden kann – und also muß Gott existieren. Denn er wäre nicht das Wesen, über das hinaus Größeres nicht gedacht werden kann, wenn es ihm abginge, zu existieren. Mit einem Wort: Gott muß existieren, weil die Existenz zu seinem Begriff gehört. – Die Zwiespältigkeit der durchschnittlichen ersten Reaktion auf diese Beweisführung [daß hier nämlich mit höchstem Scharfsinn im Formalen etwas inhaltlich Unstimmiges gesagt sei] – diese Zwiespältigkeit ist es, die bis heute die Diskussion in Gang hält.

Ein einigermaßen zulängliches Urteil ist nur möglich, wenn man die einzelnen Schritte des anselmschen Syllogismus noch etwas genauer ins Auge faßt. – Erster Schritt: Jedermann, auch der »Tor«, meint, wenn er »Gott« sagt, das schlechthin höchste Wesen. Der Sinn dieses Superlativs kann nur sein, daß es ein noch höheres Wesen nicht gibt, nicht einmal als gedankliche Möglichkeit. – Zweiter Schritt[38]: Was einer denkt, das »ist« in seinem Denken. Erkanntsein, Gedachtsein heißt: »Sein« im Erkennen und im Denken. – Dritter Schritt: Das, worüber hinaus etwas Größeres zu denken unmöglich ist, kann nicht allein im Denken, es muß notwendig auch in der objektiven Realität existieren.

Bevor man sich weigert, diesen letzten Schritt gelten zu lassen, sollte man noch rasch einen Gedanken an die folgende Aufzählung einiger Möglichkeiten[39] wenden: Zweifellos kann man etwas denken, das dennoch auf keinen Fall auch existieren kann; was besagt, daß solchem »Sein im Erkennen« kein objektives Sein entsprechen kann. Beispiel: das kreisförmige Viereck[40]. – Es gibt ferner Denkbares, das, obwohl tatsächlich in der objektiven Realität nicht anzutreffen, rein logisch betrachtet, dennoch möglicherweise existieren könnte. Beispiel: das gleich Pegasus geflügelte Roß. – Eine dritte Möglichkeit: dem »Sein im Denken« entspricht zwar tatsächlich das Existieren in der objektiven Realität; doch könnte zugleich auch gedacht werden, daß diese sowohl erkannten wie auch tatsächlich existierenden Dinge *nicht* existierten. Beispiel: alles, was uns in der Erfahrung begegnet. – Endlich: es wird etwas gedacht, das nicht nur tatsächlich, sondern mit Notwendigkeit existiert, so daß seine Nicht-Existenz nicht gedacht werden kann. Das Beispiel, so sagt Anselm, ist: Gott.

Die Kraft des Argumentes beruht darauf, daß Gott in der Tat einen schlechthin einzigartigen und unvergleichbaren Fall von Seiendem darstellt[41]. – Dies ist ein Punkt, den bereits Anselms erster Gegner, der Mönch Gaunilo, nicht bedenkt. Gewiß könne man sich auch, so sagt er, eine von jederart Reichtum und Freude überschwenglich gesegnete, im Weltmeer »verlorene Insel« denken; und natürlich »verstehe« und »erkenne« man sehr wohl, wovon dabei die Rede ist. Wenn mir aber, so heißt es bei

Gaunilo weiter, jemand von einer solchen Insel erzählte und dann zum Schluß, als sei das etwas aus alledem notwendig Folgendes, sagte, daß es diese durch nichts in der Welt zu übertreffende Insel wirklich geben *müsse:* »Denn du kannst doch nicht leugnen, daß sie in deinem Denken ›ist‹; weil es sich aber nun um die vortrefflichste Insel handelt, die man sich nur vorstellen kann, darum kann sie unmöglich nur in deinem Denken, sie muß auch in der Wirklichkeit ›sein‹; sonst wäre ja jede wirklich existierende Insel vortrefflicher ... wenn, sage ich, der Erzähler mir auf solche Weise klarmachen wollte, daß nunmehr kein Zweifel mehr möglich sei an der tatsächlichen Existenz jener Insel – dann würde ich entweder glauben, er habe einen Scherz gemacht, oder ich wüßte nicht, wen ich für törichter halten soll: mich, falls ich so etwas glaubte, oder ihn, falls er auf solche Art irgend etwas bewiesen zu haben meinte«.
Mit diesem herzhaften, klaren, gesunden und auch unwiderleglichen Argument ist aber dem Gedanken Anselms dennoch nicht beizukommen. – Das sieht Hegel völlig richtig, wenn er von dem kantischen Gegenargument sagt, es treffe am Sachverhalt vorbei. Gaunilo, so heißt es bei Hegel [42], habe das anselmsche Argument auf die gleiche unzulängliche Weise kritisiert, »als heutiges Tags Kant: daß das Sein und [das] Denken verschieden sei. So sagt Kant zum Beispiel: Wenn wir uns 100 Taler denken, so schließt diese Vorstellung noch nicht

das Sein in sich. Und das ist richtig.« »Es ist dies auch gar keine Neuigkeit, daß sie verschieden sind – das wußte Anselm ebensogut«. So weit Hegel.
Anselms Argumentation hat, noch einmal, ihr Gewicht von da her, daß der Sachverhalt der Existenz Gottes von prinzipiell anderer Seinsart ist als die Sachverhalte, daß jene Insel existiert oder daß es die hundert Taler wirklich gibt. »Das Urteil ›Gott existiert‹ nimmt eine Sonderstellung ein«[43]. Die Unvergleichbarkeit gründet darin, daß es tatsächlich zum Wesen Gottes gehört, zu existieren. Dieser Satz ist aber, wie ich schleunigst hinzufüge, nicht schon identisch mit dem Satz »Gott existiert«. – Offenbar ist es, nach alledem, ebenso schwer, die Argumentation Anselms zu widerlegen wie den Verdacht zu beschwichtigen, daß etwas daran fundamental falsch sei.

Neuerdings ist nun eine Rechtfertigung Anselms versucht worden, auf die man seltsamerweise im Mittelalter niemals verfallen ist. Dieser Rechtfertigungsversuch besagt, daß Anselms Argument nicht das Mindeste zu schaffen habe mit einem »Gottesbeweis«: »Anselm dachte gar nicht daran, die Existenz Gottes zu beweisen«, so sagt ein moderner Ordensgenosse Anselms[44]. Nicht allein mit Philosophie, nein, auch mit Theologie im Sinn einer argumentierenden Wissenschaft habe Anselms Gedanke nichts zu tun; das Proslogion sei vielmehr »ein Stück *mystischer* Theologie«[45]. Es gibt noch andere, allerdings ausnahmslos moderne Interpreten, die ähnliches behaupten[46]. Vor allem ist hier Karl Barth zu zitieren: »Es handelte sich [bei Anselms Argument] nicht um eine vom Glauben der Kirche sich lösende, den Glauben der Kirche *von anderswoher* als aus sich selbst begründende Wissenschaft. Es handelte sich um Theologie. Es handelte sich um den Beweis des schon vorher, auch ohne Beweis, in sich selbst feststehenden Glaubens durch den Glauben ... Daß man Anselms Beweis der Existenz Gottes immer wieder den ›ontologischen‹ Gottesbeweis hat nennen mögen ... das war eine Gedankenlosigkeit, über die nun kein Wort mehr verloren sein soll«[47].

Zur Begründung solcher Interpretation wird etwa gesagt, in Anselms Proslogion sei das nur scheinbar rein rationale Argument in ein Gebet eingefügt, mit dem es beginne und schließe. – Es ist in der Tat unbestreitbar: dies scheint wenig zu passen zu einer wissenschaftlichen Beweisführung, die ja das erst zu Beweisende nicht auf solche Weise voraussetzen kann. Dennoch ist nicht aus der Welt zu schaffen, daß Anselm selber davon spricht, es sei ihm um einen Beweis zu tun, und zwar um einen so durchschlagenden, daß er »außer seiner selbst keines anderen bedarf«[48]; ausdrücklich will er sich *nicht* auf die Heilige Schrift stützen; und sogar in dem Gebet, das die Argumentation beschließt[49], heißt es: »Selbst wenn ich an Dein Dasein nicht *glauben* wollte, so wäre ich nun« [das kann doch nur heißen: auf Grund der Argumentation] »außerstande, Dich nicht zu *erkennen«.* Vor allem aber: Anselm fühlt sich offenbar auf keine Weise darin mißverstanden, daß Gaunilo das Proslogion als rationale Argumentation nimmt, die er mit ausschließlich rationalen Gegengründen zu widerlegen sucht – wie es dann weiter das ganze Mittelalter hindurch gleichfalls geschehen wird. Bonaventura wird auf Grund rationaler Argumente zustimmen; Thomas wird mit ebensolchen Argumenten die Zustimmung verweigern.

Freilich, auch Descartes wird das anselmsche Argument akzeptieren. Und da zeigt sich dann plötzlich, daß Anselm doch etwas ganz anderes meint als er. Darin ist Karl Barth nicht zu widerlegen: das anselmsche Argument »steht in einem anderen Buch als die bekannte Lehre von Descartes und Leibniz«, und es ist »durch das, was Kant gegen diese Lehren vorgebracht hat«, nicht »von ferne mitbetroffen«[50]. Dennoch ist es kein Zufall, daß Descartes selbst der Meinung sein kann, das gleiche zu sagen wie Anselm. – Im Werke Descartes' gibt es mehrere Formulierungen[51]; die klarste ist diese: »... Ich sah wohl, daß, ein Dreieck angenommen, seine drei Winkel zwei Rechten gleich sein müßten; aber ich sah darum noch keinen Beweis, daß es in der Welt ein Dreieck gebe – während ich bei der Idee eines vollkommensten Wesens ... fand, daß in dieser Idee die Existenz ganz ebenso liegt wie in der Idee eines Dreiecks, daß seine drei Winkel gleich zwei Rechten sind, oder sogar noch zwingender. Folglich ist der Satz, daß Gott, als dieses so vollkommene Wesen, ist oder existiert, mindestens ebenso gewiß wie ein geometrischer Beweis es nur irgend sein kann«[52]. – Es ist mit großer Sicherheit zu vermuten, daß Anselm sein eigenes Argument im Zusammenhang von Descartes' *Discours de la Méthode* kaum wiedererkannt haben würde. Was aber ist anders? Anders ist, daß der *Discours* »reine« Philosophie sein will und daß der Descartesschen Argumentation eine prinzipielle Abtrennung von dem geglaubten Gottesbegriff vorausgegangen ist – welche Abtrennung freilich, von dem anselmschen Ansatz her, das heißt von seiner Überwertung der deduzierenden Vernunft her, nicht völlig unerwartbar, vielleicht sogar unvermeidlich gewesen ist.

*

Der Versuch der Verknüpfung von Glaube und Vernunft, der mit Boethius beginnt und durch Anselms leidenschaftliche Rationalität zum ersten Mal zu einer konsequenten und radikalen Durchführung gelangt, kann wahrscheinlich überhaupt nicht zu dem Resultat einer auf die Dauer und ein für alle Mal gültigen »Lösung« führen; jedenfalls ist er tatsächlich niemals zu solcher Frucht gediehen. Wahrscheinlich ist gar nichts anderes zu erwarten, als daß die philosophierende Vernunft, wenn sie einerseits eine vorausliegende übermenschliche

Wahrheitsnorm anerkennt und anderseits zugleich dem ständig neu zutage geförderten kritischen Wissen von der Welt und vom Menschen verpflichtet und offen bleibt, das heißt, wenn sie es sich auf solche Weise, weil Weisheit »billiger« nicht zu haben ist, selber schwer macht – es ist nichts anderes zu erwarten, als daß eine unter diesen Voraussetzungen philosophierende Vernunft unaufhörlich beunruhigt und gefährdet sein wird: durch die Versuchung sowohl zur Selbstüberschätzung wie zur agnostischen Resignation, zur Verwissenschaftlichung, zum deduktiven oder zum empirischen Rationalismus wie auch zu Traditionalismus und Fideismus; und so fort.

Von dieser Vermutung her soll, für einen Augenblick, die Antwort bedacht werden, mit der Thomas von Aquin der Herausforderung durch das anselmsche Argument begegnet. In dieser Antwort nämlich, so glaube ich, ist nicht nur faktisch, durch die Anstrengung der denkenden Person, eine Verknüpfung der Elemente erreicht; sondern in ihr ist eine im strengen Sinn gedankliche Ausgewogenheit zustande gebracht, die auf der sachgerechten Verteilung der Gewichte beruht. Trotzdem wird, hinter dem Gleichmut der Diktion, das Erregende des damals bereits über zwei Jahrhunderte hinweg geführten Dialogs spürbar. Wie anderseits – auf dem Grunde dieser sehr differenzierten, gar nicht »radikalen«, aber mit äußerster Wachsamkeit überlegen formulierten Antwort – auch die ungeheuer-

liche Simplifizierung des Sachverhalts durch Descartes erschreckend deutlich wird.
Thomas hat das anselmsche Argument viele Male erörtert[53]. In den *Quaestiones disputatae de veritate*[54] lautet seine Ausgangsfrage so: Ist es dem menschlichen Geiste durch sich selbst bekannt, daß Gott existiert, so wie die ersten Denkprinzipien [durch sich selbst bekannt sind], deren Nicht-Gültigkeit nicht gedacht werden kann? Thomas antwortet zunächst mit der historischen Feststellung, daß es in dieser Sache drei verschiedene Meinungen gebe. Die *erste:* Daß Gott existiert, kann weder bewiesen werden noch ist es durch sich selbst bekannt; man kann es nur glauben. *Zweite* Meinung: Es ist nicht durch sich selbst bekannt, daß Gott ist, aber es läßt sich beweisen – wobei »beweisen« so viel heißt wie etwas nicht unmittelbar Gewußtes auf Grund von unmittelbar Gewußtem erschließen. *Drittens:* »Andere, *wie Anselm,* sind der Meinung, Gottes Dasein sei durch sich selbst bekannt, da niemand inwendig zu denken vermöge, daß Gott nicht sei – wenn er das auch nach außen hin sagen und wenn er auch die Worte, mit denen er es sagt, innerlich denken könne.« – Von diesen drei geschichtlich antreffbaren Meinungen nennt Thomas die erste offenkundig falsch; die beiden anderen aber seien in gewissem Sinn wahr. Die entscheidende Frage ist natürlich, wie man den Begriff »durch sich selbst bekannt« versteht. Und zu genau diesem Punkt macht Thomas eine Unter-

scheidung, die ihn in den Stand setzt, auch in dem anselmschen Argument Wahr und Falsch zu scheiden – was in der folgenden Gedankenreihe geschieht: »Durch sich selbst bekannt« ist ein Satz, dessen Prädikat zum Begriff seines Subjekts gehört. Aber diese Zugehörigkeit selbst muß nicht jedermann bekannt sein; sie ist, natürlich, nur dem bekannt, der das Subjekt kennt. So gibt es einerseits »durch sich selbst bekannte« Sätze, die auch faktisch jedermann bekannt sind; zum Beispiel der Satz, wonach das Ganze größer ist als der Teil. Anderseits gibt es Sätze, die, weil das Prädikat wirklich im Begriff des Subjekts enthalten ist, »an sich« zwar gleichfalls »durch sich selbst bekannt« sind, die aber dennoch nicht jedermann, sondern nur dem Sachverständigen, dem »Wissenden« bekannt sind; zum Beispiel der Satz, daß unkörperliche Wesen weder Raum beanspruchen noch an einem »Ort« sind. Das also ist die Distinktion, von deren Boden aus Thomas nun das anselmsche Argument angeht. Sein Ergebnis lautet so: Weil das Existieren im Begriff Gottes notwendig enthalten ist, darum ist der Satz »Gott existiert« tatsächlich »durch sich selbst bekannt«. Für uns aber ist er dennoch nicht »durch sich selbst bekannt« – solange wir den Subjektbegriff, das heißt das Wesen Gottes, nicht kennen. Wenn wir dagegen Gottes Wesenheit schauen werden, »dann wird uns, daß Gott existiert, weit mehr ›durch sich selbst bekannt‹ sein, als es uns jetzt ›durch sich selbst bekannt‹ ist, daß Ja und Nein nicht zugleich gelten können.«

Abgekürzt formuliert, würde also Thomas, zu Anselm gewendet, folgendes sagen: »Du redest wie einer, der Gottes Wesenheit unmittelbar kennt, während ich ..« Hier würden einige moderne Verteidiger Anselms einwerfen, eben dies treffe zu, Anselm spreche aus der Erfahrung mystischer Schau, sein Argument sei »ein Stück mystischer Theologie«[55]. Wahrscheinlich würde Thomas diesen Einwurf respektieren. Aber er würde fortfahren: ».. während ich, wie übrigens auch der Wortlaut [mindestens] des anselmschen Arguments, von dem gewöhnlichen Geistesstand des hiesigen Menschen rede; und der ist so beschaffen, daß wir Gott *nicht* unmittelbar kennen. Wir haben nur zwei, gleichermaßen indirekte und mittelbare Möglichkeiten, Gott zu kennen. Die eine ist der Glaube, die andere das schlußfolgernde Denken«.

In ähnliche Richtung zielt, was Kant gegen Descartes' »ontologischen Gottesbeweis« einzuwenden hat. Was ein Dreieck ist, so sagt Kant, das wissen wir zwar, aber wir wissen nicht, was Gott ist; »und so redete man von einem Gegenstand, der ganz außerhalb der Sphäre unseres Verstandes liegt, als ob man ganz wohl verstände, was man mit dem Begriffe von ihm sagen wolle«[56]. Thomas würde natürlich niemals sagen, Gott liege »ganz außerhalb der Sphäre unseres Verstandes«; aber auch er besteht darauf, daß unsere Gotteserkenntnis auf eine prinzipiell unüberwindliche Weise inadäquat bleibt. So kann, sagt Thomas [57], sogar die Tatsache, daß wir die Nicht-Existenz Gottes denken können, sehr wohl damit zusammenbestehen, daß Gott dennoch das Wesen ist, über das hinaus etwas Größeres nicht gedacht werden kann; wie anderseits Gottes Existenz »durch sich selbst bekannt« bleibt, obwohl wir sie, »wegen der Unkraft unseres Erkenntnisvermögens«, nicht anders als aus seinen Werken erschließen können [58]. »Nichts steht dem im Wege, daß uns die geschaffene Wahrheit bekannter ist als die ungeschaffene; was nämlich weniger bekannt ist in sich selbst, das ist, nach dem Philosophen, mehr bekannt für uns« [59].

Der letzte Satz deutet übrigens, indem er vom »Philosophen«, von Aristoteles also, spricht, auf einen umfassenderen Horizont, vor welchem die jahrhundertelange Erörterung über das anselmsche Argument in ihrem Für und Wider noch tiefer verständlich werden kann. Denn es ist nicht allein die Kontrapunktik von Glauben und Wissen, wodurch sich die Unbeendlichkeit dieser Diskussion erklärt. Es ist auch der nicht in einer »Synthese« zu schlichtende Gegensatz jener beiden Grundhaltungen zur Welt im Spiel, denen wir, zweifellos nicht wenig vereinfachend, die Namen »Platon« einerseits, »Aristoteles« anderseits zuzuordnen pflegen – wobei dann »Aristoteles« für die Überzeugung steht, daß der Mensch, hinausblickend in die objektive Realität, auf Grund konkreter Erfahrung durch schlußfolgerndes Denken zur Wesenserkenntnis gelange; während der Name »Platon« für die andere Überzeugung steht, daß es für den Menschen die Möglichkeit gebe, die wesentliche Wirklichkeit der Welt *unmittelbar* zu berühren, nicht durch die Vermittlung äußerer Erfahrung, sondern indem er, die Augen schließend wie ein Sicherinnernder, Einkehr halte in sich selbst.

Und dies nun kann schon dem ersten Blick nicht verborgen bleiben: wie sehr die Denker, welche das anselmsche Argument akzeptieren, auf der Seite Platons stehen, was, im Bereich abendländischen Philosophierens, fast das gleiche besagt wie: auf der Seite Augustins. Das gilt sowohl für Alexander von Hales, Bonaventura, Albertus Magnus, Duns Scotus wie auch für Descartes und Leibniz. Was aber Anselm selbst betrifft, so stößt man schon in den ersten Sätzen des Proslogion[60] auf das platonische Schlüsselwort: »Kehre ein in die Kammer deines Herzens ..«

V

Vom »mittelalterlichen Menschen« zu reden, ist, wie man weiß, nicht ungebräuchlich. Um das Unsinnige solcher Vorstellungen zu greifen, möge man sich – so lautet ein ironischer Vorschlag Gilsons[1] – nur einmal »dieser tollen kleinen Französin« Heloise erinnern, der Geliebten Abälards, die als siebzehnjähriges Mädchen Latein, Griechisch und Hebräisch versteht und, aus Liebe zu Abälard in ein Kloster eingetreten, Verse des römischen Dichters Lukan rezitiert, während sie den Schleier nimmt. Abälard selbst hat es beschrieben: »Unter Tränen und Schluchzen stieß sie die Klageworte der Cornelia hervor: ›O herrlicher Gatte, bessern Ehebetts wert! So wuchtig durfte das Schicksal treffen ein solches Haupt? Ach, mußte ich darum Dich freien, daß Dein Unstern ich würd'? – Doch, nun empfange mein Opfer – freudig bring ich es Dir!‹ Das war ihr Abschiedsgruß an die Welt. Mit entschlossenem Schritt trat sie vor den Altar, nahm rasch den vom Bischof geweihten Schleier und legte vor der versammelten Gemeinde das Gelübde ab«[2]. So geschehen nicht im Florenz der Medici, sondern dreihundert Jahre zuvor, um 1120, in Argenteuil, nahe bei Paris. »Ehe man behaupten darf, eine Formel gefunden zu haben, das Mittelalter zu definieren, müßte man schon eine Definition der Heloise finden«[3].

Es ist nicht weiter verwunderlich, daß solche, auf

keinen »Typus« zu bringende Vielfalt der individuellen Prägungen sich auch in der mittelalterlichen Philosophie zeigt. Was man aber vielleicht nicht erwartet, ist die tiefgreifende Unterschiedlichkeit auch der theoretischen Positionen, oft innerhalb der gleichen Generation – zum Beispiel, unter den Zeitgenossen der Heloise, der in bezug auf Weltansicht, Lebensstil und Schicksal kaum vermutbare Kontrast zwischen Männern wie Peter Abälard, Bernhard von Clairvaux und Johann von Salisbury.

Alle drei haben einander gekannt. Die beiden zuerst Genannten sind zeitlebens einer des andern Gegner und Widerpart; der Dritte ist Schüler des einen und Schützling des anderen. Wer im Jahre 1140 nach Frankreich gekommen wäre, hätte allen Dreien begegnen können. Abälard ist in diesem Jahre schon am Ende seiner kämpfereichen Laufbahn angelangt und, sechzigjährig, im Begriff, für das letzte, ihm noch zugemessene Lebensjahr in das Asyl der Abtei Cluny aufzubrechen. Bernhard von Clairvaux, zehn Jahre jünger, ist auf der Höhe seines gleichfalls äußerst unruhvollen Lebens: Reformator, Kreuzzugsprediger, philosophisch-theologischer Schriftsteller und zugleich ein Mann der mystischen Erfahrung. Johann von Salisbury, ein fünfundzwanzigjähriger Scholar, ist seinen beiden Meistern in zugleich verehrendem und kritischem Respekt zugetan. – Alle drei aber sind höchst repräsentative Gestalten des zwölften Jahrhunderts, deren Spuren in der Geschichte der Philosophie lange Zeit kenntlich bleiben. Dies gilt sogar für Bernhard von Clairvaux, obwohl er eher der Geschichte der Theologie zugehört.

Noch ein anderes, gleichfalls einigermaßen überraschendes Faktum der mittelalterlichen Philosophiegeschichte bringt sich in die Erinnerung, wenn wir uns nun zunächst zu Abälard und Bernhard wenden: wie *jung* nämlich viele dieser Autoren und *magistri* mit ihrem öffentlichen Wirken hervorgetreten sind. Nichts ist so unzutreffend wie die Vorstellung von weißbärtigen Mönchen, die in weltabgeschiedener Zelle ausgeklügelte Traktate auf Pergament kalligraphieren. – Als Boethius die ersten durch Jahrhunderte wirkenden Bücher schreibt, ist er gut zwanzig Jahre alt; die Kommentare zu Aristoteles beginnt er fünfundzwanzigjährig. Mit dreißig Jahren ist Anselm von Canterbury Prior in Le Bec. Bonaventura, als Siebenundzwanzigjähriger bereits Universitätslehrer, wird mit sechsunddreißig Jahren zur obersten Leitung des über das ganze Abendland verbreiteten Franziskanerordens berufen. Duns Scotus schreibt sein Hauptwerk, das riesige *opus Oxoniense*, im Alter von fünfunddreißig Jahren. Und Wilhelm von Ockham kehrt bereits als Fünfundzwanzigjähriger seiner wissenschaftlich-literarischen Laufbahn endgültig den Rücken.

*

Peter Abälard, 1079 in der Bretagne geboren, geht bereits im Knabenalter in die philosophische Schule des berühmten Roscelin, kommt als etwa Zwanzigjähriger nach Paris, eröffnet zwei-drei Jahre später selbst eine philosophische Schule, zuerst in der Nachbarschaft der Stadt, dann aber, mit neunundzwanzig Jahren, in Paris selbst, auf dem Genovefenberg, im heutigen Universitäts-Viertel. Im Jahre 1115 ist er der Leiter der Kathedralschule von Notre Dame, gut fünfunddreißig Jahre alt. Wenig später begegnet er Heloise. Abälard selbst berichtet, in seiner autobiographischen »Unglücks-Chronik« *[Historia calamitatum]*[4], wie er, ein keineswegs Liebender, sondern ein sinnlich Entzündeter, es darauf anlegt, dieses Mädchen, seine Schülerin, zu verführen. Nachdem ein Sohn geboren ist, heimliche Eheschließung. Abälard ist zwar Kleriker, aber nicht Priester, so daß die Heirat möglich und auch nicht völlig unüblich ist; dennoch *heimliche* Trauung – damit man den Gefeierten »weiter für einen Seneca oder Sankt Hieronymus halte«: »Abälard und Heloise vergessen sich selber niemals, und das ist es, was sie nur immer tiefer in Falschheit verstrickt«[5]. Es folgt die grausige Rache des Vormunds der Heloise, der Abälard überfallen und entmannen läßt. Der hochberühmte, selbstbewußte Professor [»Ich bildete mir ein, der einzige Philosoph in der Welt zu sein; ich trotzte jedem Angriff ..«[6]] – dieser Mann muß sich in ein Kloster verkriechen. St. Denis nimmt ihn auf.

Heloise geht, auf Abälards Wunsch, gleichfalls ins Kloster. Und nun beginnt die seltsame Umkehrung des Verhältnisses: in Abälard, dem ursprünglich rein vom Genußwillen Beherrschten, vollzieht sich eine wirkliche innere Wandlung, während Heloise, die von Anfang an hingebend Liebende, sich auf den »irdischen« Charakter ihrer Liebe verstockt. »Daß ich den Schleier nahm, geschah doch nicht aus Liebe zu Gott; es geschah allein auf Deinen Befehl«; »Dir zu gefallen liegt mir mehr am Herzen als Gott zu gefallen«[7]; noch nichts habe sie im Kloster aus Liebe zu Gott getan, Gott schulde ihr keinen Lohn[8] – solche Worte kehren viele Male in Heloisens Briefen wieder[9]. Sie scheint völlig taub zu sein für die beschwörenden Bitten Abälards[10]. Schon die Verschiedenheit der Anredeformeln, in ihrer sprachlichen Eleganz und Präzision funkelnd von *esprit* – schon die beharrlich durchgehaltene Unterschiedlichkeit der Briefanrede[11] offenbart etwas von der verzweifelten Dramatik dieses bewegenden Dialogs. Einerseits: »An Heloise, seine geliebteste Schwester in Christo, Abälard, ihr Bruder in Christo« oder »An die Braut Christi der Knecht Christi«; anderseits: »Ihrem unumschränkten Herrn seine völlig ergebene Dienerin« oder »Meinem Herrn, nein, meinem Vater; meinem Gatten, nein, meinem Bruder; seine Magd, nein, seine Tochter; seine Gattin, nein, seine Schwester: meinem Abälard seine Heloise«.

Natürlich wird Abälard seinerseits sein Leben nicht

in St. Denis beschließen. Dafür drängt es ihn zu sehr in die öffentliche Lehrtätigkeit, die er auch nach einiger Zeit wieder aufnimmt. Außerdem hat er längst den heftigen Unwillen seiner Gastgeber herausgefordert – etwa indem er bestreitet, daß Dionysius Areopagita irgend etwas mit der Abtei St. Denis zu tun habe. Wo immer Abälard ist, da ist offenbar Streit unvermeidlich. Schon unter seinen Lehrern gibt es keinen, mit dem er sich nicht entzweit und den er nicht später öffentlich mit ebenso bösartigem wie witzig-epigrammatischem Spott bedenkt: »Sein Feuer füllte das Haus mit Rauch, aber leuchtete nicht .. Ein Baum mit reicher Krone, staunenswert in der Fernsicht; aber aus der Nähe vermochte auch das schärfste Auge keine Frucht daran zu erspähen«[12]. – Die wiederbegonnene öffentliche Lehrtätigkeit bricht jäh ab, als eine Schrift über die Trinität, seit Boethius das unvermeidliche Thema der logischen Spekulation, von einer Synode verurteilt wird. Abälard zieht sich in die Einsamkeit zurück; aber bald schon wird seine Zuflucht, irgendwo im Seine-Tal, bekannt. Die Studenten wandern in Scharen zu ihm hinaus; es werden Unterkünfte gebaut .. Aber bereits fünf Jahre später ist Abälard wieder auf der Flucht. Wovor? Er selber sagt: vor dem »sattsam bekannten Neid der Franken«[13]. Er gelangt in das verrufene Kloster St. Gildas an der bretonischen Küste, dessen Abt er wird. In der »Unglücks-Chronik« heißt es: »So springt wohl einer, in blindem

Schrecken vor dem drohend geschwungenen Schwert, in den Abgrund; und er rennt hier dem Tod in die Arme, um ihm dort für einen Augenblick zu entgehn .. Im Angesicht der wildbrüllenden Meereswogen, am Ende der Erde, da keine Möglichkeit war, noch weiter hinaus zu fliehen, stöhnte ich oft in meinen Gebeten mit dem Wort der Psalmen: ›Von den Enden der Erde schreie ich zu dir, da meine Seele in Ängsten ist‹«[14]. Wiederum gibt es bald Streit mit den Mönchen: »Vor ihren tagtäglichen Anschlägen suchte ich mich durch möglichste Vorsicht beim Essen und Trinken zu schützen; da taten sie mir Gift in den Kommunionkelch, um mich während des Hochamts zu vergiften«[15]. [In Klammern: Wem so etwas allzu unglaubwürdig dünkt, möge zur Kenntnis nehmen, was Gilson[16] in seiner Studie über Heloise und Abälard sagt: »Alles ist mittelalterlich: ... St. Thomas, der das Fronleichnamsoffizium verfaßt, *und* jene Kleriker der Pariser Universität, denen man 1276 untersagen muß, unter Flüchen bei Gott, der Jungfrau und allen Heiligen auf den gleichen Altären Würfel zu spielen, auf welchen .. Tag für Tag Fleisch und Blut des Herrn gefeiert wird. Welche von diesen Tatsachen ist nun ›mittelalterlicher‹?«] – Abälard freilich wird nicht nur von außen bedroht; die Wirrsal *in* ihm ist ebenso groß: »Satan hat mich mit seinen Stricken so umfangen, daß ich nicht habe, wo ich ausruhen oder wie ein Mensch leben kann; wie Kain nach seiner Verfluchung irre ich umher, unstet und flüchtig überall. Unablässig foltern mich ›draußen Streit, drinnen Furcht‹ [2 Kor 7,5] – ach nein, draußen *und* drinnen Streit *und* Furcht immerzu«[17]. – Sieben Jahre später wiederum Flucht aus St. Gildas – nach Paris, wo Abälard noch einmal, auf dem Genovefenberg, Lehrer der Dialektik wird. In dieser Zeit wird Johann von Salisbury sein Schüler. Aber auch ein Mann wie *Arnold von Brescia*, instinktiv die innere Verwandtschaft witternd, stößt zu ihm: Asket strengster Observanz, zugleich politischer Agitator und Demagoge, Revolutionär wider Kaiser und Papst; auch er ein ständig Flüchtiger oder Verbannter; schließlich, in die Gewalt Barbarossas geraten, gehängt, verbrannt; die Asche in den Tiber gestreut. – Für Abälard beginnt die Unruhe bald von neuem: Bernhard von Clairvaux eröffnet seinen Angriff gegen Abälards »Rationalismus«. Noch immer handelt es sich ja darum, gemäß dem Prinzip des Boethius, das Geglaubte mit dem Gewußten zu verknüpfen. Bernhard aber sagt[18]: »Dieser Mann streitet über den Glauben wider den Glauben. Er sieht nichts in Spiegel und Gleichnis; alles schaut er von Angesicht zu Angesicht. Er geht über das ihm Zugemessene hinaus ... Von allem, was im Himmel und auf Erden ist, so behauptet er, sei ihm nichts unbekannt, außer er selbst. Er verrückt die von unseren Vätern gesetzten Grenzsteine, indem er die erhabensten Fragen der Offenbarung zur Sprache bringt. Seinen ganz unerfahrenen Studenten, kaum ausgebildet, kaum der Dialektik entwachsen, kaum fähig, die elementaren Wahrheiten des Glaubens zu fassen, eröffnet er das Geheimnis der Dreieinigkeit, das Allerheiligste und das Gezelt des Königs. Er wähnt, Gott mit seiner Vernunft ganz und gar begreifen zu können *[totum quod Deus est, humana ratione arbitratur se posse comprehendere]«*. Nach einer neuen, von Bernhard, anscheinend auf nicht sehr noble Weise, durchgesetzten kirchlichen Verurteilung soll über Abälard, der sich wie immer zunächst ohne Widerrede fügt, lebenslange Klosterhaft verhängt werden. Er appelliert an den päpstlichen Stuhl. Auf dem Wege nach Rom durch den Abt von Cluny freundschaftlich zum Bleiben genötigt, kommt er endlich, für das letzte Jahr seines Lebens, zur Ruhe. Unter der Leitung dieses Abtes, *Petrus Venerabilis,* der übrigens schon als Achtundzwanzigjähriger sein Amt übernommen hat, ist Cluny, das noch wenige Menschenalter zuvor durch seine asketische Wissenschaftsfeindlichkeit Anselm vom Eintritt abgeschreckt hat, zu einer Stätte gelehrter Studien geworden. Zum Beispiel entsteht auf seine Anregung gerade jetzt die erste lateinische Übersetzung des Koran[19]. Vor allem aber ist Petrus Venerabilis – mit Bernhard von Clairvaux wie mit Abälard befreundet, ein Bewunderer auch der gelehrten Heloise, wie wir aus einigen Briefen wissen. [»Ich stand noch im Jünglingsalter, da drang schon dein Ruhm zu meinen Ohren.. Du hieltest das

Banner der Wissenschaft hoch; du hast dich über alle Frauen erhoben, und es gibt nur wenige Männer, die du nicht übertroffen hast..«[20]] – Petrus Venerabilis ist einer der großen Friedensstifter des Zeitalters; er bringt die Aussöhnung Abälards mit der Kirche und sogar mit Bernhard von Clairvaux zuwege. »Ich will es kurz machen«, so kennzeichnet er, in einem Brief an Heloise[21], den verwandelten Abälard der letzten Zeit, »sein Geist dachte ständig dem göttlichen Geheimnis nach.. Er lebte mit uns, schlicht und rechtschaffen.. und weihte seine letzte Lebenszeit dem Herrn«. Petrus Venerabilis selbst nimmt die liturgische Bestattung vor, und zwar, wie Abälard es gewünscht hat[22], in dem von Heloise geleiteten Kloster. Der Abt Petrus ist auch der Verfasser der Grabverse, die mit den Worten beginnen: »Galliens Sokrates, großer Platon Hesperiens, unser Aristoteles..«[23].

Diese ungewöhnliche Biographie muß man vor Augen haben, wenn man nun fragt, was Abälard für die Geschichte der Philosophie bedeute. – Grabmann, sonst wenig geneigt zu scharfem Urteil, beantwortet diese Frage so: »..kein Mann der Spekulation, der großen metaphysischen.. Perspektiven; ..ein Meister der Dialektik, der in wissenschaftlichen Augenblickserfolgen sich wohlfühlt und in der Aufstellung neuer paradoxer Gedanken seine Stärke sieht«[24]. Abälard selber sagt von sich: »Von der ganzen Philosophie sagte mir die Logik am meisten zu.. Zum Studium der Logik zog ich

– ein wandernder Philosoph in der Art des Altertums – überallhin, wo mir nur eine Stätte dieser Wissenschaft gerühmt wurde«[25]. »Logik« aber ist für Abälard vor allem Sprach-Logik, »kritische Analyse der Bewußtseinsinhalte an Hand des sprachlichen Ausdrucks«[26] – womit er, wie leicht zu sehen ist, heutigen Fragestellungen ziemlich nahe kommt. Auch das sogenannte »Universalien-Problem«, von dem man zu Unrecht gesagt hat, es sei das hauptsächliche oder gar einzige Thema der mittelalterlichen Philosophie, obwohl es zutrifft, daß diese Frage seit Boethius[27] im Fluß ist [es ist die Frage: ob nicht allein den individuellen Benennungen wie »Sokrates« oder »Petrus«, sondern auch zum Beispiel den Namen »Mensch« oder »Rose« auf der Seite der objektiven Realität, »draußen«, etwas entspreche; oder ob solchen allgemeinen (»universalen«) Namen einzig die »Realität« des subjektiv Gedachten oder gar nur die des lautenden Wortes (*flatus vocis*) zukomme] – auch dies Problem packt Abälard mit viel Scharfsinn und übrigens durchaus sinnvollerweise von der Sprach-Logik her an. – Bei aller gedanklichen Präzision haben anderseits die Formulierungen Abälards etwas Journalistisches, was mit seiner Schwäche für das bloß Interessante und vor allem für das Polemische zusammenhängt. Dazu paßt, daß die unmittelbare Wirkung auf die Zeitgenossen außerordentlich ist, »ungleich größer« als die Wirkung Anselms von Canterbury – so sagt ein modernes Handbuch der mittelalterlichen Philosophie[28], das aber sogleich hinzufügt, Anselm lebe noch heute, während Abälard nur noch von historischem Interesse sei.

Dennoch gibt es in Abälards Werk nicht wenig, das fruchtbar geworden ist für künftige Erörterungen und Klärungen. In der Geschichte der Logik[29] zum Beispiel wird sein Name immer genannt werden. Unverloren ist auch die scharfe, wahrscheinlich durch die ganz persönliche Problematik befeuerte Herausarbeitung dessen, was im sittlichen Tun Gesinnung und Intention bedeuten: ohne böse Absicht gibt es keine Sünde, und seinem Gewissen zu folgen, ist selbst dann gut, wenn das Gewissen irrt – wofür Abälard dann, nach seiner Manier, so extreme Fälle diskutiert wie Schuld oder Unschuld der Henker Jesu Christi[30]. Immerhin wird dieser Gedanke, verknüpft mit der konsequenten Bejahung der allen Menschen gemeinsamen natürlichen Vernunft, einer neuen positiven Wertung der vorchristlichen und außerchristlichen Welt insgesamt den Weg öffnen. Die alte These des Justin und des Klemens von Alexandrien kehrt hier wieder, schärfer und aggressiver formuliert: die großen Weisen des Altertums seien im Grunde Christen[31]. Auch Thomas von Aquin wird diesen Gedanken, gleichmütiger in der sprachlichen Fassung, aber in der Sache eher noch radikaler, weiterführen: Wer auch immer, in der vorchristlichen und außerchristlichen Welt, der Überzeugung ist, daß Gott, auf eine

Weise, die Ihm gefällt, der Retter des Menschen sein wird, der glaubt [*fide implicita*] an Christus [32]. Zur Zeit Abälards und vor allem in Abälards bewußt extremer, »freigeistiger« [33] Ausdeutung, die zum Beispiel die christliche Trinitätslehre in Platon hineinliest [34] – damals ist dies alles für orthodoxe Ohren schwer erträglich. Bernhard von Clairvaux sagt: Indem du Platon zum Christen machst, zeigst du nur, daß du selber Heide bist [35].

Abälard hat, abschließend gesagt, das ihn primär bewegende Anliegen – das völlig legitime, noch immer und wieder neu dringlich gewordene, freilich kaum je völlig konfliktlos auszutragende Anliegen nämlich, auch im eigentlich theologischen Bereich die Tragweite der Vernunft, gerade auch ihrer formal logischen Gesetzlichkeit, zu erproben – durch seine scharfsinnigen Analysen einerseits bleibend gefördert, anderseits und noch mehr in Mißkredit gebracht durch seine ungehemmte Lust an der polemischen Pointe. Und es sieht außerdem so aus, als sei es ihm zeitlebens nicht gelungen, auf der Seite seiner Gesprächspartner, die er sich allzu leicht zu Gegnern macht [36], etwas anderes wahrzunehmen als Mißgunst und persönliches Versagen: »Ich befaßte mich.. damit, die Grundlagen unseres christlichen Glaubens durch Analogien aus dem Bereich der menschlichen Vernunft zu erläutern.. Meine Studenten.. begehrten eine verständliche philosophische Argumentation; sie wollten Begreifbares hören,.. man könne erst glauben, wenn man zuvor begriffen .. Mein Buch fand viele Leser und hatte bei allen großen Beifall .. Die Leser kargten nicht mit Anerkennung wegen der Feinheit der Antworten auf so schwerwiegende Fragen .. Dies erboste meine Neider ganz gewaltig, und sie brachten ein Konzil gegen mich zusammen«[37] – und so fort.

*

Die Unmöglichkeit, das Mittelalter in eine Definition zu fassen, zeige sich, so sagt Gilson[38], unter anderem darin, daß Abälard und Bernhard von Clairvaux in dieser Epoche als Zeitgenossen gelebt hätten. Offenbar denkt er dabei nicht sosehr an den Streit zwischen ihnen als vielmehr an die tiefe Gegensätzlichkeit dieser Naturen[39].

Bernhard von Clairvaux ist eine äußerst schwer zutreffend zu kennzeichnende Gestalt; er vereinigt in sich Charakterzüge und Eigenschaften, die geradezu unvereinbar scheinen. – Um 1090 aus burgundischer Adelsfamilie in der Nähe von Dijon geboren, tritt der ritterlich Erzogene, etwa einundzwanzig Jahre alt, in das Kloster Cîteaux ein, zugleich mit vieren seiner Brüder und fünfundzwanzig Freunden, durchweg gleichfalls jungen Adligen. Das erst vor gut einem Jahrzehnt gegründete Cîteaux ist von Anfang an als »Reform«-Kloster gedacht gewesen, gerichtet also gegen das Durchschnittlichgewordene, gegen die gewohnheitsmäßige Verfälschung des Ursprungs, der aufs neue in reiner Strenge wiederhergestellt werden soll – gerichtet auch zum Beispiel gegen Cluny, das, verglichen mit seinen eigenen reformatorischen Anfängen, »humanistisch« zu werden beginnt. Der durch Jahre gehende freundschaftliche Streit zwischen Bernhard von Clairvaux und Petrus Venerabilis wird sich hieran entzünden. – Drei Jahre nach dem Eintritt in Cîteaux wird Bernhard bereits ausgesandt, das Kloster Clairvaux zu gründen und, natürlich, als Vierundzwanzigjähriger, zu leiten. Er wird noch nicht fünfzig Jahre alt sein, und schon werden von Clairvaux aus an die siebzig neue Klöster gegründet sein. Und der Motor dieser staunenswerten Dynamik ist Bernhard. Man sieht, daß diese vor nichts zurückschreckende leidenschaftliche Lebensintensität nicht primär auf die denkerische Bewältigung von »Problemen« zielt. Dennoch hinterläßt Bernhard ein nicht unbeträchtliches schriftstellerisches Werk, das neben Predigten und mystischen Meditationen so scharfsinnige theoretische Erörterungen enthält wie etwa den Traktat über den freien Willen; und vor allem könnte man ihn, in einem sehr besonderen Sinn, einen Mann der Kontemplation nennen, *quel contemplante* [wie es bei Dante[40] heißt]. – Seine Gefahr aber ist, wie schon die erste Biographie es andeutet, die *nimia nimietas*[41], das maßlose Allzusehr. Dies Wort hat recht in vielerlei Sinn; es gilt für die unbarmherzige Selbstkasteiung, an der seine physische Gesundheit zerbricht; es gilt auch für die rücksichtslos eifernde Heftigkeit im Kampf gegen die, welche er, wie Abälard, für Schädlinge im Gottesreich halten zu müssen glaubt. Vor allem in seinen nach außen gerichteten Aktionen, die weit über das Geistliche hinaus in den politischen Bereich hineinwirken, tritt so etwas wie dämonische Gewaltsamkeit zutage. Bernhard selbst hat von sich das merkwürdige Wort gesagt, er sei »sozusagen die Chimäre des Jahrhunderts«, »umgetrieben durch die Abgründe der Welt«[42]. Und rückblikkend auf sein Leben, auf den Streit mit Abälard, auf den mit einer schrecklichen Katastrophe endenden Kreuzzug, für den er mit seiner Predigt das ganze Abendland entflammt hat – dies alles bedenkend, sagt er in einem Briefe: »Alle meine Werke schrecken mich, und was ich treibe, ist mir unbegreiflich«[43].

Bernhards Rolle in der Geschichte der Philosophie ist gelegentlich mit dem Kennwort »Kampf gegen die Dialektik in der Theologie« charakterisiert worden. Dies scheint mir allzuwenig positiv und auch nicht völlig genau formuliert zu sein. Zwar erneuert Bernhard die Warnung, die bereits im Werk des Dionysius Areopagita[44] steht; und daß er dies mit neuen Argumenten und auf seine eigene temperamentvolle Weise tut, ist zweifellos nicht wenig. Dennoch ist es Bernhard primär um etwas anderes zu tun als um »negative Theologie«. Erst recht interessiert ihn nicht das abstrakte Problem, wie Philosophie und Theologie einander methodisch zuzuordnen seien, und daß jene dieser zu »dienen« habe. Es gibt bei Bernhard auch keine prinzipielle Negierung des Wissens oder der Philosophie. »Da sind viele – so sagt er[45] – die suchen Wissen um des Wissens willen: das ist Neugier. Da sind andere, die wünschen Kenntnis, um selber gekannt zu werden: das ist Eitelkeit. Andere suchen Wissen, um es zu verkaufen: das ist unehrenhaft. Doch gibt es auch welche, die Wissen suchen, um aufzuerbauen: das ist Liebe *[caritas]*. Und wiederum andere gibt es, die Wissen suchen, um auferbaut zu werden: das ist Klugheit.« – Anderseits freilich sagt er: Was soll mir Philosophie? »Meine Lehrer sind die Apostel.. Sie haben mich gelehrt zu leben. Glaubt ihr, es sei etwas Geringes: zu leben wissen?«[46] Solche Sätze, in denen die innerste Anteilnahme Bernhards sich offenbart, dürfen nicht im Sinn einer abgetrennten Religiosität verstanden werden. Sie betreffen vielmehr genau das, worauf es, seit Sokrates und Platon, mit dem wahren Philosophieren gleichfalls abgesehen ist. Es wird hier deutlich, daß Bernhards leidenschaftliches und wahrhaft »philosophisches« Interesse letzten Grundes allein auf »Verwirklichung« zielt, auf das ungeschmälerte Heil-Sein der Existenz im Ganzen – dem alle einzelnen Äußerungsformen des Menschen, sein Philosophieren nicht weniger als seine Theologie, zu dienen bestimmt sind. – Und ebendies sieht Bernhard bedroht und in Frage gestellt durch »Dialektiker« vom Schlage Abälards. Die Gefahr, die er – mit vollem Recht – in solchen Figuren sich ankündigen sieht und der er sich entgegenwirft, bedeutet nicht weniger, als daß die Wahrheitssubstanz, von welcher der lebendige Mensch sich nährt, durch einen leeren Formalismus des »richtigen« Denkens aufgezehrt und zum Verschwinden gebracht werden könnte.

Am Ende seines Lebens, da das »Brennen«, von dem Bernhard[47] sagt, es müsse zum Wissen hinzukommen, fast schon die eigene Vitalität hinweggesengt hat, gibt er so etwas wie eine zusammenfassende Abkürzungsformel seiner gesamten Lebensansicht. Sie findet sich in den letzten Ansprachen über das Hohelied[48], deren es im Werke Bernhards über achtzig gibt; und sie besteht aus nur drei Worten: *anima quaerens Verbum.* In ihrer Fügung kehrt die Struktur des anselmschen *fides quaerens intellectum* wieder. Nur ist das Begriffliche von »Glaube« und »Einsicht« ersetzt durch die der konkreten Existenz näheren Namen »Seele« und »WORT«: »Die Seele auf der Suche nach dem WORT«. Zu finden aber ist das WORT einzig in der Entrückung [*exstasis*] der mystischen Kontemplation, in welcher die Seele »des WORTES genießt«. Was jedoch hier in Wahrheit geschieht, läßt sich in menschlicher Sprache nicht mitteilen: *ineffabile est*[49]. Man darf sagen, dies sei das letzte Wort des Mystikers Bernhard von Clairvaux.

*

Mit *Johann von Salisbury*, dem jüngeren Zeitgenossen Abälards und Bernhards, tritt zum ersten Mal eine völlig andersartige Figur von übrigens unverwechselbar angelsächsischer Prägung deutlich in das philosophische Gespräch ein. Es ist der gegen alle formal noch so exakte Dialektik wie auch gegen die umfassenden Weltdurchblicke und »Synthesen« der metaphysischen und theologischen Spekulation prinzipiell mißtrauische Empiriker, der sich zunächst auf konkrete Erfahrung und historisches Einzelwissen verläßt und notfalls sich darauf zu beschränken gedenkt. Dieser Gesprächsbeitrag wird, von nun an immer neu variiert, in der europäischen Geistesgeschichte nicht mehr verstummen.

Johann von Salisbury, zwischen 1110 und 1120 in Südengland geboren, geht als junger Scholar nach Frankreich, um dort im Felde der Philosophie und der Theologie alles zu studieren, was es nur zu lernen gibt – wobei er außerdem Wert darauf legt, die besten und berühmtesten Lehrer der Zeit vollzählig kennenzulernen. Nach zwölf Jahren des Studiums geschieht das einigermaßen Charakteristische, daß dieser sehr eigenständige und gebildete junge *gentleman* dennoch nicht einen gelehrten Beruf wählt; er wird nicht Professor, sondern, sagen wir, Diplomat. »Mit ihm beginnt die lange Reihe englischer Intellektueller, die zugleich Politiker, Kirchenmänner, Humanisten, Philosophen und Schriftsteller sind.«[50] Durch Bernhard von Clairvaux empfohlen, wird Johann von Salisbury zunächst der Sekretär des Primas von England, des Erzbischofs Theobald von Canterbury. In diesem Amt verbleibt er auch unter dessen Nachfolger Thomas Becket, mit dem ihn persönliche Freundschaft verbindet. Das Hin und Her des langen Streits zwischen König und Erzbischof erlebt er aus unmittelbarster Erfahrung mit. Er begleitet Thomas Becket in das Exil nach Frankreich und wird, als beide nach England zurückkehren, Zeuge der Ermordung des Erzbischofs in der Kathedrale von Canterbury. – Und all die Zeit über ist Johann von Salisbury unterwegs in England und Frankreich, aber auch in Italien, wohin er fünfmal kommt – immer mit politischen Aufträgen betraut: durch den Erzbischof, den Papst, den englischen König. – Wenige Jahre vor seinem Tode [1180] wird er auf den bischöflichen Stuhl von Chartres berufen.

Während der Verbannungsjahre in Frankreich schreibt Johann von Salisbury seine beiden wichtigsten Bücher, das *Metalogicon* und den *Polycraticus;* das eine wie das andere widmet er dem bischöflichen Freunde. Sie fallen aus dem bisher Üblichen heraus, weil in ihnen die theoretisch-abstrakte Erörterung ständig aufgelockert und zugleich fundiert erscheint durch die sehr konkrete Schilderung unmittelbar erfahrener geschichtlicher Realität. Ungewöhnlich ist auch die Sprache: ein gar nicht »scholastisches«, eher weltmännisches, elegantes, an Cicero geschultes Latein – um dessentwillen Johann von Salisbury, als nahezu einziger mittelalterlicher Autor, Gnade finden wird vor dem Urteil des späteren, antischolastischen Humanismus. Dennoch ist der »innere« Stil dieser Bücher fast noch charakteristischer: die ruhige, niemals sich ereifernde, aber auch nicht zu beirrende Sicherheit dessen, der viele Dinge mit eigenen Augen sehr genau kennengelernt hat; und die kaum merklich ironische, »untertreibende« Humorigkeit, die bis heute als ein sympathisches Merkmal englischer Prosa gelten kann. So bedeutet es nicht allzu viel, den Gegenstand dieser Bücher anzugeben und zu sagen, daß das *Metalogicon* von der rechten Weise handelt, Philosophie zu treiben, und der *Polycraticus* als eine Art philosophisch-praktischer Staatslehre oder auch als politische Philosophie bezeichnet werden kann.

Von bleibender Bedeutung ist vor allem der warnende Hinweis, der hinter der Schilderung des sterilen Pariser Dialektik-Betriebes steckt, besagend, daß die Philosophie zugrunde gehen muß, wenn sie versucht, »von Logik allein zu leben«[51]: die Dialektik »bleibt, wenn sie nicht von anderswo empfängt, unfruchtbar«[52]. Der Verdacht Johanns von Salisbury richtet sich allerdings ebensosehr gegen die abstrakte Erörterung allgemeiner metaphysischer Probleme; jedenfalls könne darin nicht die eigentliche Aufgabe des philosophierenden Menschen liegen. Nachdem eine sichere Antwort zum Beispiel auf die Frage nach der Substanz der Seele und ihrem Ursprung, nach der Wirkweise der Vorsehung, nach der Natur der reinen Geister[53] nicht erwartbar sei, solle man sich mit praktikablen Wahrscheinlichkeiten begnügen und sich der möglichst genauen, geduldigen Erforschung des Konkreten zuwenden. Dies prinzipielle Mißtrauen gegenüber der anspruchsvollen Großartigkeit spekulativer Systematik hat gelegentlich durchaus den Tonfall des Skeptizismus. Doch ist Johann von Salisbury mit einem solchen Schlagwort nicht zu treffen. Er sagt weder, Wahrheit sei schlechthin unerreichbar, noch, alle Erkenntnis sei relativ. Sein Mißtrauen hat zwei Wurzeln. Die eine ist allerdings die resolute Anerkennung der Unzulänglichkeit der menschlichen Erkenntniskraft: »alles Wissen der Kreatur ist begrenzt«[54]; die andere Wurzel aber ist ein religiöser Respekt vor der Wahrheit, die ihren Sinn nicht darin hat, unserem Wunsch nach einem systematisch geschlossenen »Weltbild« Genüge zu tun, sondern darin, daß die Wirklichkeit so zu Gesicht komme, wie sie wirklich ist: erkennbar und unergründlich zugleich.

Zum ersten Mal kündigt sich in dieser Position des Johann von Salisbury das an, was schon bald, in der Aristoteles-Rezeption des dreizehnten Jahrhunderts, völlig klar hervortreten wird: der gegen Überlieferung und Autorität gleichermaßen unabhängige Anspruch der Erfahrung, in welcher die Fülle der sichtbar begegnenden Welt sich repräsentiert – wodurch die noch immer als selbstverständlich ergriffene Aufgabe der Verknüpfung des Glaubens mit der natürlichen Erkenntnis eine ganz neue, reichere und auch gefährlichere Bedeutung bekommen wird.

Der imaginäre Frankreichfahrer, von dem die Rede gewesen ist, hätte im Jahre 1140 im Pariser Chorherren-Stift St. Viktor auch einen Deutschen antreffen können, den Grafen von Blankenburg, der unter dem Namen *Hugo von St. Viktor* berühmt geworden ist. Hundert Jahre später wird Bonaventura [1] ihn sogar über Anselm von Canterbury und Bernhard von Clairvaux stellen: Anselm sei groß gewesen in der rationalen Argumentation, Bernhard in der verkündigenden Rede, Richard [2] in der mystischen Schau – Hugo aber besitze all dies zugleich. – Zu Hartigham am Harz 1096 geboren, mit neunzehn Jahren durch den Bischof von Halberstadt nach Paris gesandt, lehrt dieser Deutsche schon fast anderthalb Jahrzehnte im Chorherren-Stift vor den Toren der Stadt. In diesem Jahre 1140 wird er, obwohl erst wenig über die Vierzig, nur noch ein Jahr zu leben haben. Aber sein *opus magnum* »Über die Sakramente [3] des christlichen Glaubens« ist schon geraume Zeit vollendet. Dieses Werk kann als die erste *Summa* des Mittelalters bezeichnet werden. Auch das Wort, das seit je die knappe Zusammenfassung von vielem Einzelnen bezeichnet, taucht in der Einleitung bereits in der neuen [4], spezielleren Bedeutung auf: *brevis quaedam summa omnium* [5].

Hugo von St. Viktor, der mit Recht eine »johanneische Erscheinung« [6] genannt worden ist, steht zwar ganz in der Tradition des Dionysius Areopagita; und die mystische Kontemplation ist ihm das selbstverständliche Ziel des geistigen Lebens. Aber er ist zugleich davon überzeugt, daß Wirklichkeitserkenntnis die Voraussetzung der Kontemplation[7] ist und daß es keine Gestalt von Wissen gibt, die nicht bestimmt wäre, in sie eingeformt zu werden. Jede der sieben freien Künste zielt darauf, »daß Gottes Bild in uns sich wieder herstelle«[8]; »lerne alles: später wirst du sehen, daß nichts überflüssig ist«[9]. Aus solcher nichts ausschließenden Großräumigkeit des Denkens ist die Summa des Hugo von St. Viktor entworfen.

Dennoch scheint sie in ihrem eigenen Jahrhundert, trotz aller ihr zuteilgewordenen Rühmung[10], nicht sonderlich zur Wirkung gekommen zu sein; wahrscheinlich ist sie der Zeit zu sehr voraus. Jedenfalls: »Nicht die größte und beste Summa ... ist das klassische Lehrbuch für die nächstfolgenden Jahrhunderte geworden, sondern ein mittelmäßiges Sentenzenbuch, die *libri quatuor sententiarum* des Petrus Lombardus«[11]. Das Buch Hugos ist der Erstling des neuen Typus »Summa«, während das des Petrus Lombardus, obwohl ein-zwei Jahrzehnte später entstanden, noch der früheren Gattung der »Sentenzenbücher« zugehört.

Wir haben schon davon gesprochen, daß der riesige Bestand des überkommenen Erbes, wenn er überhaupt sollte angeeignet werden können, zunächst einmal auf irgendeine Weise überschaubar und zugänglich gemacht werden mußte. Eben dies ist die Absicht der Sentenzenbücher, die, in ihrer frühesten Gestalt, nichts Anderes sind als eine Sammlung von gültig formulierten »Hauptsätzen« aus den Werken der Väter; das Element des Gültigen und Verbindlich-Autoritativen gehört zum Begriff der *sententia* [12]. Eine der ersten Stoffsammlungen dieser Art sind die um das Jahr 600 entstandenen *sententiae* des Isidor von Sevilla. – Es geht nun aber so zu, daß schon die bloße Namhaftmachung des Vorhandenen [13] zugleich an den Tag bringt, daß der überlieferte Bestand höchst Unterschiedliches, ja Gegensätzliches umfaßt. Und damit kommt natürlicherweise eine neue Aufgabe in Sicht, die durch bloßes Zusammenstellen von Zitaten nicht mehr zu bewältigen ist. Vielmehr muß nach einer Möglichkeit Ausschau gehalten werden, die Vielfalt der Meinungen, die oft genug auf den ersten Blick einander auszuschließen scheinen, verständlich zu machen – zum Beispiel aus der Mehrdeutigkeit der Worte oder auch aus der Vielgesichtigkeit des je zur Rede stehenden Sachverhalts selbst. Zeugnisse solcher Bemühung sind die Sentenzenbücher neuen Stils, wie sie, um 1100, in der Generation der Lehrer Abälards [14] entstehen. Auch Abälard selbst hat eine, wie nicht anders zu erwarten, sehr besondere Sentenzensammlung dieser Art verfaßt; seine Freude an der epigrammatischen Formulierung hat ihr den Titel gegeben »Ja und Nein« *[Sic et non]*; und es ist in der Tat so, daß

in diesem Buch Hunderte von Kirchenvätertexten zusammengestellt sind, die einander wie Ja und Nein zu widersprechen scheinen. Das Wichtigste an Abälards *Sic et non* ist aber die Vorrede, worin Regeln [»Konkordanz-Regeln«] angegeben sind, nach denen die Widersprüche begreiflich gemacht oder aufgelöst werden können.
Dieser Aspekt der Kritik, die das wortwörtlich Gesagte nicht mehr unbesehen hinnimmt[15], verknüpft sich in den neuen Sentenzenbüchern mit noch etwas Anderem. Der faktisch vorgefundene Bestand wird nämlich von nun an auf sachliche Vollständigkeit hin betrachtet, auf bereits erreichte oder erst noch zu verwirklichende Totalität. Das bedeutet, daß notwendigerweise nach dem Einheitsgrund der Ganzheit und nach dem Prinzip ihrer Gliederung gefragt wird – und daß sich also, während man noch dabei ist, das Überkommene anzueignen, eine von der Sache selbst her bestimmte gedankliche Systematik durchzusetzen beginnt, deren spätere literarische Gestalt die *Summa* sein wird. – In diesem Übergang hat das Werk des Petrus Lombardus, des »Sentenzen-Meisters« schlechthin, seinen Platz.
Wider ein hier sich möglicherweise bereit haltendes Mißverständnis mag an diesem Punkt zwischendurch ein Wort gesagt sein. Man könnte meinen, dies unablässige Zusammentragen von Texten, dies ständige Sich-Befassen also mit fremden Ansichten sei nicht nur eine in hohem Grade un-

originelle Angelegenheit [was zweifellos weithin zutrifft], sondern es bekunde sich darin auch ein Mangel an unmittelbarem Sach-Interesse. Ebendies aber wäre ein fundamentales Mißverständnis. Das in der Tat unaufhörliche Sich-Beziehen auf Augustinus [und so fort] zielt, allem Anschein zum Trotz, gerade *nicht* darauf, diese Autoren in ihrer geschichtlichen Gestalt zu erfassen und kenntlich zu machen. Die Verfasser der Sentenzenbücher kümmern sich eher zu wenig als zuviel um den historischen Augustinus [und die anderen Autoritäten]; vielmehr ist es ihnen so gut wie ausschließlich um die im Wort der »Alten« antreffbare Aufhellung des Sachverhalts zu tun, um die Wahrheit also über Dasein und Welt insgesamt.[16]

*

Was nun den »Sentenzen-Meister« *Petrus Lombardus* betrifft, so ist er, Langobarde wie Lanfranc und Anselm von Canterbury, um 1100 in der Gegend von Novara geboren. Er macht seine ersten Studien in Bologna und kommt, an Bernhard von Clairvaux empfohlen, nach Reims und Paris, wo er sehr wahrscheinlich Abälard hört. Mit etwa vierzig Jahren wird er Magister an der Kathedralschule von Notre Dame und, zwei Jahrzehnte später [1159/60], Bischof von Paris. – Schon dieser Umstand könnte dem Sentenzenbuch eine besonders günstige Chance gegeben haben. Doch hat es vermutlich noch mehr profitiert von der Tatsache, daß ein sehr aktiver, unentwegter Schüler des »Sentenzen-Meisters«, mit Namen Petrus von Poitiers, für das Buch eine »Propaganda«[17] von einzigartiger Wirkung zu entfalten vermag – einzigartig deswegen, weil dieser Petrus von Poitiers nicht allein fast vier Jahrzehnte hindurch gleichfalls als Professor an der Kathedralschule von Notre Dame lehrt, sondern auch der erste Kanzler der Universität Paris wird. Dennoch, auf solche Weise läßt sich die »fast unbegreifliche Anziehungskraft«[18] eines, wie schon gesagt, recht mittelmäßigen Buches kaum erklären. Es gibt freilich auch die Meinung, das Sentenzenwerk des Petrus Lombardus sei gerade, weil ihm »jede Spur von Genialität abging«[19], wenn nicht überhaupt »fast zufällig«[20] eines der erfolgreichsten Schulbücher der europäischen Geistesgeschichte geworden. Sogar der Papst Innozenz III. sagt, nach der auf eine Verdächtigung hin unternommenen Lektüre: er könne in dem Buch, das nur über Meinungen berichte, überhaupt keine eigene Meinung entdecken, weder eine richtige noch eine falsche[21]. – Dennoch läßt sich als Grund für den Erfolg des Sentenzenbuches sehr wohl auch die Gemeinverständlichkeit der ruhig-gleichmäßigen Darstellung nennen, die übersichtliche Gliederung, die Vermeidung unnötiger Subtilitäten, die gute Auswahl der Texte, in denen »die durchschnittliche Breite der zeitgenössischen Problematik«[22] zu Wort gelangt – kurz gesagt: die unvermeidlich etwas langweilige Solidität, die nun einmal zu einem guten Lehrbuch gehört.

Inhaltlich betrachtet, könnte das Buch des Petrus Lombardus mit Fug ein systematisch geordnetes »Augustinus-Brevier« genannt werden: die etwa eintausend Texte aus dem Werke Augustins machen nahezu vier Fünftel seines Umfangs aus[23]. Auch das von Petrus Lombardus zu Anfang seines Buches formulierte Gliederungsprinzip stammt von Augustin[24]; es besagt, daß es einerseits unmittelbar Wirkliches, »Sachen«, *res* gebe und anderseits Hinweisungen auf unmittelbar Wirkliches, »Zeichen«, *signa.* Im Bereich des unmittelbar Wirklichen werden weiterhin die Dinge, die der Mensch »gebraucht« *[utitur],* unterschieden von den Dingen, die er nicht gebraucht, sondern deren er »genießt« *[fruitur]:* Gott ist das Wirkliche, dessen »Genuß« *[fruitio]* das Ziel des menschlichen Lebens ist; um dorthin zu gelangen, »gebrauchen« wir die geschaffenen Dinge. – Dieses im Grunde großartige Gliederungsprinzip wird aber dann doch nicht konsequent durchgehalten; und seine gedanklichen Möglichkeiten werden auch nicht voll ausgeschöpft [als »Zeichen« zum Beispiel werden einzig die Sakramente aufgeführt]. So hat dem Sentenzenbuch des Petrus Lombardus das Seltsame widerfahren können, daß sein bedeutendster Kommentator, Thomas von Aquin[25], aus dem sachlichen Zusammenhang der Texte völlig überzeugend ein von Grund auf verschiedenes und nicht minder großartiges Ordnungsprinzip abgelesen hat[26].

Im übrigen ist Thomas nur einer von den etwa zweihundertfünfzig Kommentatoren[27], die der »Sentenzen-Meister« im Laufe der folgenden Jahrhunderte gefunden hat; »es wird wohl«, sagt Grabmann[28], »nach der Heiligen Schrift kein Werk der christlichen Literatur geben, das eine solch große Zahl von Erklärern beschäftigt hat«. Dies hängt damit zusammen, daß die *libri sententiarum* des Petrus Lombardus bis ins sechzehnte Jahrhundert hinein im Lehrplan der Universitäten einen festen Platz haben und jeder Magister der Theologie seine Lehrtätigkeit mit ihrer Erläuterung beginnt.

Natürlich beschränken sich die so entstehenden »Sentenzenkommentare« nicht auf die bloße Auslegung. Vielmehr gewinnen sie schon bald den Charakter einer selbständigen systematischen Äußerung des Kommentators selbst, die nicht selten den Begriff der *»Summa«* erfüllt. – Hierfür zwei Beispiele: das Hauptwerk des Duns Scotus, das *opus Oxoniense*, ein Werk von äußerst persönlicher Prägung, hat trotzdem die Gestalt eines Kommentars zum Sentenzenbuch des Petrus Lombardus. Und als Thomas von Aquin seine *Summa theologica* unvollendet liegen läßt, kann nach seinem Tode Reginald von Piperno das Fehlende auf solche Weise aus dem frühen Sentenzenkommentar des Freundes ergänzen, daß man schon genau zusehen muß, um die Nahtstelle zu bemerken.

VII

Fast in dem gleichen Augenblick, da die Weltansicht der westlichen Christenheit sich zum ersten Mal zu geschlossener Systematik zu runden beginnt, da die aufnehmende Haltung der Sentenzenbücher sich wandelt zu der eigenständigen Gedanklichkeit der Summen, da außerdem *die* Institution Gestalt gewinnt, die solcher universalen Wirklichkeitsdeutung zugeordnet ist, die Universität – in diesem gleichen Augenblick bereitet sich auch schon eine ebenso unerwartete wie an die Wurzel gehende Erschütterung dieses kaum gewonnenen, vornehmlich augustinisch-platonisch inspirierten [1], auf das »Augustinus-Brevier« des Petrus Lombardus gegründeten Weltbildes vor: das im Westen bisher unbekannt gebliebene Werk des *Aristoteles* wird ins Lateinische übersetzt und kommt so in das Blickfeld des Abendlandes. Hiermit nämlich wird nicht einfachhin zum schon vorhandenen Bestand »etwas Neues hinzukommen«; in diesem Schrifttum verbirgt sich vielmehr eine Herausforderung, die alles bisher Gedachte von Grund auf in Frage stellen wird. Und diese Herausforderung kann, weil sie den Namen »Aristoteles« trägt, unmöglich außer acht gelassen werden. Die logischen Schriften des Aristoteles, von Boethius übersetzt und kommentiert, gehören seit Jahrhunderten schon zum selbstverständlichen Fundament aller Bildung. Dabei handelt es sich nur erst um die »Alte Logik«, das heißt, um die Lehre von Begriff und Urteil[2], zu der dann, als ein Venetianer[3] sie um 1130 ins Lateinische übersetzt, die Traktate vom Schlußverfahren, vom Beweis, von der Disputation und den Trugschlüssen als »Neue Logik«[4] hinzutreten. Schon dieses Fragment des Gesamtwerkes aber hat genügt, um Abälard sagen zu lassen, Aristoteles sei »der scharfsinnigste aller Philosophen«, *perspicacissimus omnium*[5]. Und Johann von Salisbury schreibt: »Die Sonne schien vom Himmel gefallen zu sein, als Platon aus dieser Welt schied; alle brachen in die Klage aus, die Leuchte der Welt sei erloschen. Als aber dann sein Schüler Aristoteles den Lehrstuhl des Meisters bestieg, da strahlte er wie ein Stern in der Frühe, er erleuchtete den Erdkreis..« – und so fort. Das wird gesagt um 1160, als noch niemand im Abendland die Physik des Aristoteles kennt, gar nicht zu reden von der Metaphysik, von dem Buch über die Seele, von der Nikomachischen Ethik und der Politik[6]. Es kann also, wenn diese Bücher erst einmal überhaupt zugänglich werden, schlechterdings nichts anderes geschehen, als daß sich ihnen ein Äußerstes an erwartungsvoller Aufmerksamkeit zuwenden wird. Aber diese Herausforderung ist zur Zeit Peter Abälards und Johanns von Salisbury noch nicht hervorgetreten. Sie nähert sich jedoch auf mehreren Wegen, die zum Teil recht abenteuerlich sind. Zum Beispiel werden die Werke des Aristoteles nicht allein aus dem Griechischen übersetzt [dies vor allem in Sizilien, das seit je ein natürlicher Umschlagplatz für den materiellen und geistigen Austausch mit dem Osten ist]; sondern die lateinischen Aristoteles-Übersetzungen des Mittelalters gehen großenteils auf *arabische* Übersetzungen zurück. »Wenn wir, mit nicht völlig ungerechtfertigtem Stolz, von den Errungenschaften der abendländischen Kultur sprechen« – so heißt es bei Gilson[7] –, »dann sollten wir niemals vergessen, was der Orient dazu beigesteuert hat... Das mittelalterliche Europa hat die griechische Philosophie nicht unmittelbar« [d. h. aus Griechenland] »empfangen, sondern indirekt, durch die Vermittlung syrischer, persischer, arabischer Gelehrter, Naturwissenschaftler und Philosophen.« Warum aber – so fragt man sich vielleicht – warum soll es nicht möglich gewesen sein, die Schriften des Aristoteles ebenso unmittelbar aus dem Griechischen ins Lateinische zu übersetzen, wie es bei denen des Dionysius Areopagita bereits im neunten Jahrhundert durch irische und fränkische Mönche geschehen ist? Wer hierauf zur Antwort gäbe: gerade die Dionysius-Übersetzung habe der Aristoteles-Übersetzung im Wege gestanden – der hätte wohl nicht völlig unrecht. Im ersten Jahrtausend besitzt das christliche Welt- und Selbstverständnis, repräsentiert vor allem durch Augustinus, eine ungleich größere Nähe zum platonischen Geiste als zu der Denkweise des Aristoteles. Ebendies freilich ist, um die Mitte des zwölften Jahrhunderts, in radikalem

Wandel begriffen. Eine Figur wie Johann von Salisbury[8] zeigt, wie sehr im westlichen Denken eine ganz neue Bereitschaft herangediehen ist, sich der konkret begegnenden Weltwirklichkeit in jener gleichen Haltung zu öffnen, die den unterscheidenden Grundzug des aristotelischen Philosophierens ausmacht. – Damit ist aber natürlich noch nichts gesagt, das den unwahrscheinlichen Übersetzungs-Umweg der aristotelischen Schriften über das Arabische begreiflicher machen könnte; vor allem ist noch nichts darüber gesagt, auf welche Weise denn Aristoteles zu den Arabern gelangt sei. Die Antwort auf diese letzte Frage lautet: auf die Weise der politischen Emigration. Es ist die gleiche Antwort, die auch den Weg der jonischen Philosophie von der Küste Kleinasiens nach Sizilien und Süditalien und schließlich nach Athen sowie heutigentags die Ansiedlung der symbolischen Logik an den amerikanischen Universitäten zu erklären vermag.

Die von Anfang an bestehende, aus mancherlei Wurzeln genährte Fremdheit zwischen aristotelischem und christlichem Denken erfährt im fünften Jahrhundert dadurch eine begreifliche Verschärfung, daß der Nestorianismus sich ausdrücklich mit der Philosophie des Aristoteles verbündet. Nestorius, Perser von Geburt, in seiner Lehre geprägt durch die theologische Schule von Antiochien, interpretiert das Ereignis der Menschwerdung Gottes so, daß an Christus vor allem das Geschichtlich-

Konkrete und Sichtbare und also das Menschliche akzentuiert ist. Damit ist, wie man sieht, bereits eine gewisse Affinität zur aristotelischen Weltansicht gegeben. – Ein Mittelpunkt des Nestorianismus wie auch, charakteristischerweise, zugleich der aristotelischen Philosophie ist die in den Jahrzehnten um 400 weithin berühmte Schule von Edessa in Syrien. Als nun die christologische Lehre des Nestorius auf dem Konzil zu Ephesus [431] als häretisch verurteilt wird, kann sie innerhalb der Grenzen des Römischen Reiches nicht weiter öffentlich gelehrt werden. Die größere Zahl der Betroffenen, die »Häretiker« und auch, soweit sie nicht ohnehin identisch sind, die »Aristoteliker«, verlassen Edessa und wandern in das benachbarte Persien aus; die meisten scheinen in dem unmittelbar jenseits der Grenze gelegenen Nisibis geblieben zu sein, wo dann sehr bald eine gleichfalls berühmte, von etwa tausend Studenten besuchte Schule entsteht [sie ist es, nach deren Vorbild Cassiodor, hundert Jahre später, in Rom eine Universität gründen will[9]]. Dieses nestorianisch-syrische Christentum also stellt mit seinen Schulen und Klöstern den Hegungsraum dar, in welchem zu jener Zeit das philosophische und wissenschaftliche Schrifttum der Griechen bewahrt und weitergegeben wird, und zwar, genauer gesagt, gerade die aristotelische Strähne dieses Erbes: nicht nur Aristoteles selbst, sondern auch Euklid, Hippokrates, Galenos, Archimedes. Die philosophischen, mathe-

matischen und medizinischen Schriften dieser Autoren werden, so scheint es, zunächst aus dem Griechischen ins Syrische, dann aber, vielleicht noch über die Zwischenstation des Persischen, sicher in die arabische Sprache übersetzt – als nämlich der Islam den ganzen Vorderen Orient und auch das persische Sassanidenreich überflutet und die aristotelischen Gelehrten, zumeist Syrer und Perser, an den Hof der Kalifen von Bagdad berufen werden. Um 800 ist das Arabische so etwas wie eine wissenschaftliche Weltsprache. Der einmal ins Arabische übersetzte Aristoteles dringt so weit, wie der Islam herrscht, und das heißt: im Osten bis zum Indus und im Westen bis zu den Pyrenäen.
Im Raum dieser Kultur entstehen dann auch die großen Aristoteles-Kommentare, deren Verfasser fast auf jeder Seite der theologischen Summen des dreizehnten Jahrhunderts genannt sein werden: *Avicenna*, 980 in Persien geboren, Leibarzt der Fürstenhöfe, aber zugleich Philosoph und Theologe. Vierzigmal hat er, nach seinem eigenen Bericht[10], die Metaphysik des Aristoteles gelesen, ohne doch den Zugang zum rechten Verständnis zu finden; er kennt ihren Text auswendig – da endlich erst wird ihm der Sinn des Ganzen klar [ein Ereignis, zu dessen Feier er unter die Armen reiche Geschenke verteilen läßt]. – *Averroes*, 1126 in Cordoba geboren; Jurist, Arzt, Philosoph; für das Abendland des dreizehnten Jahrhunderts »der« Kommentator des Aristoteles schlechthin. Seine

Wirkung im lateinischen Westen ist von solcher Kraft, daß man die Philosophie der europäischen Renaissance mit einigem Recht geradezu als »Averroismus« hat bezeichnen können, womit übrigens zugleich schon etwas über die Richtung gesagt ist, in welche jene Wirkung zielt. – Seltsamerweise beeinflussen diese arabischen Denker die abendländische Philosophie und Theologie weit stärker als den Islam. Der Islam kennt nicht so etwas wie eine »Aristoteles-Rezeption«; vielmehr ist die Geschichte seiner »biblizistisch« auf den Koran eingeschränkten Theologie weithin die Geschichte ihres Sich-Wehrens gegen die Philosophie[11]. – Ein dritter großer Name: *Moses Maimonides*, gleichfalls in Cordoba geboren [1135]; der aristotelischen Weltansicht energisch zugeneigt, aber mit gleicher Entschiedenheit streng gläubiger Jude – und darum durch dieselbe unendliche Aufgabe beunruhigt, die auch die großen Lehrer des christlichen Mittelalters in Atem halten wird. Sein Hauptwerk, der nicht in hebräischer [wie die übrigen Bücher], sondern in arabischer Sprache geschriebene »Führer der Unschlüssigen«, wendet sich an die, welche, auf Grund von Philosophie und Wissenschaft in ihrem Glauben an die biblische Gottesoffenbarung schwankend geworden, nun nach der Meinung des Moses Maimonides auf keinem anderen Wege als über eine konsequent durchgehaltene, gleichfalls wissenschaftlich-philosophische Argumentation zu diesem Glauben zurückkehren können. Offenbar also handelt es sich auch hier ausdrücklich um die Verknüpfung des Geglaubten mit dem Gewußten. Das macht es plausibel, daß man das Buch des Moses Maimonides eine »jüdisch-scholastische Summa«[12] genannt hat.

Wer den gegenständlichen Reichtum dieser arabisch-jüdischen Philosophie einerseits bedenkt und ihn vergleicht mit dem, was – anderseits – zu derselben Zeit in den Schulen des Abendlandes, abgesehen vom eigentlich Theologischen, für wichtig gehalten wird [die um 1200 in Paris an der Fakultät der Freien Künste zu erwerbende Bildung, beruhend vor allem auf dem »Kult der Logik«[13], »enthält nichts, das einer philosophischen Sicht des Wirklichkeitsganzen auch nur ähnlich sieht«[14]] – wer das bedenkt, dem leuchtet sogleich ein, mit welch naturhafter Gewalt sich diese schlechthin unbesiegliche Überlegenheit im lateinischen Westen hat durchsetzen müssen.

Dies ist der Punkt, des näheren von den Übersetzungen aus dem Arabischen zu sprechen. – Zu der Zeit, da Averroes und Moses Maimonides im südspanischen Cordoba geboren werden, ist die nördliche Hälfte der Halbinsel schon wieder frei von der maurischen Herrschaft. Toledo zum Beispiel, die Hauptstadt des westgotischen Spanien, ist schon im Jahre 1085 zurückerobert worden und wird von diesem Zeitpunkt an bis in die Epoche Karls V. eine der Herrscher-Städte des Landes bleiben. Die zurückweichende Woge des Islam aber hat ein zwar in seiner christlichen Substanz durchweg unangetastet gebliebenes, aber dennoch geistig auf vielfache Weise verändertes Spanien freigegeben. – Ein Zeichen solcher Veränderung ist etwa die Übersetzer-Schule, die im zwölften Jahrhundert durch einen weitblickenden Bischof in Toledo gegründet wird. Und es ist dieser einzigartige, mehrere Generationen überdauernde Arbeitskreis, durch den die großen Werke des arabisch-jüdischen Aristotelismus und vor allem die Schriften des Aristoteles selbst ins Lateinische übertragen werden – wohl zu bedenken: die aus dem Griechischen zuvor über das Syrische und [vielleicht] Persische ins Arabische übersetzten aristotelischen Schriften! – Es ist uns zufällig überliefert, auf welche kaum glaubliche Weise »Das Buch der Genesung der Seele«, das große Werk Avicennas, um das Jahr 1140 in Toledo aus dem Arabischen ins Lateinische »transportiert« worden ist. Die Übersetzung ist das gemeinsame Werk von Dominicus Gundissalinus, der auch eigene philosophische Schriften hinterlassen hat, und einem Juden namens Avendehut, der selbst über die Verfahrensweise berichtet: er, des Arabischen wie des Kastilianischen [Spanischen] mächtig, habe die einzelnen arabischen Worte, *singula verba*, ins Kastilianische übersetzt, woraufhin sie dann durch seinen Gefährten wiederum einzeln ins Lateinische übertragen worden seien[15]. »Es ist erstaunlich« – so heißt es in Überwegs Philosophiegeschichte[16] –, »daß bei dieser mechanischen Arbeitsweise vielfach noch ein vernünftiger Sinn herauskam.«

Dennoch haben diese verwunderlichen Schwierigkeiten des Weges das triumphale Eindringen der aristotelischen Weltansicht in das Denken des Abendlandes nicht wesentlich[17] behindert. Es bedarf gar nicht noch der zugleich ins Lateinische übersetzten pseudo-aristotelischen Schriften – wenngleich von einer dieser Schriften, mit dem höchst un-aristotelischen Titel »Geheimnis der Geheimnisse«, gesagt worden ist[18], sie habe – »allenthalben gelesen, ausgezogen, paraphrasiert« – dem Aristoteles beim »großen Publikum« mehr Ansehen verschafft als seine echten Werke; in ihr steht etwa zu lesen, Gott selbst habe den Aristoteles »eher einen Engel als einen Menschen« genannt und ihn schließlich in einer Säule von Licht zu sich genommen. Folgenreicher ist etwas anderes: daß Aristoteles in der Begleitung seiner arabischen Kommentatoren, und das heißt: zugleich mit einer bestimmten, bereits systematisch ausformulierten Interpretation, in den Gesichtskreis der westlichen Christenheit tritt.

Zweierlei jedenfalls ist nach alledem erwartbar und verständlich: erstens die unhemmbare Dynamik, mit der die aristotelische Wirklichkeitslehre, der auf dem gleichen Felde schlechthin nichts von nur annähernd gleichem Rang entgegengestellt werden kann, zur Kenntnis genommen und bedacht wird; zweitens die natürlicherweise in einem

Gestus der Abwehr sich äußernde Sorge, es könnte die Kontinuität der Überlieferung und das Totum der Wahrheit durch die Vehemenz jenes Aneignungsvorgangs gesprengt werden. Beides zusammen ist kennzeichnend für die erste Hälfte des dreizehnten Jahrhunderts; und beides ist oft aufs seltsamste miteinander verquickt.

So gibt es einerseits zwischen 1210 und 1263 eine lange Reihe von kirchlichen Warnungen, Einschränkungen und Verboten, welche die öffentlichen Universitäts-Vorlesungen über Aristoteles, vor allem über die Physik, die Psychologie und die Metaphysik betreffen[19]. Im übrigen geht es beileibe nicht so zu, als stehe »die Kirche« oder irgendeine kuriale Bürokratie gegen die geschlossene Front der Gelehrten; vielmehr ist es eine starke Gruppe unter den Universitätslehrern selbst, die sich gegen die unbequeme Neuerung wehrt; und es wird sich bald zeigen, daß die kirchliche Autorität sich keineswegs mit diesem prinzipiellen Konservativismus zu identifizieren gedenkt.

Anderseits geschieht zugleich, ohne jede revolutionäre oder auch nur polemische Deklamation, eine stetige, konsequente, immer ausdrücklichere Außerachtlassung jener Verbote; es geschieht eine höchst intensive Befassung mit dem Werk des Aristoteles, und zwar auch in öffentlichen Universitäts-Vorlesungen. Dieser geduldige Widerstand scheint auf eine gelegentlich schwer zu begreifende Weise im Bunde zu sein mit seinem »Gegner«. Zum

Beispiel sind die Aristotelesverbote noch in voller Geltung, als der durchaus kirchlich gesonnene Thomas von Aquin in seiner Erstlingsschrift mit völliger Selbstverständlichkeit rühmend von »dem« Philosophen und auch von »dem« Kommentator [Averroes] spricht. Anderseits läßt der gleiche Papst Urban IV., der 1263 die früheren Warnungen und Verbote wiederholt, an seinem eigenen Hofe zu Orvieto die Werke des Aristoteles neu aus dem Griechischen übersetzen. Verwunderlich ist auch das folgende, in gewissem Sinn abschließende Faktum: Als die Pariser Artisten-Fakultät im März 1255, also acht Jahre vor der erneuten Einschärfung der Verbote, alle damals bekannten aristotelischen Schriften ausdrücklich in ihren neuen Studienplan aufnimmt, regt sich nicht der geringste Protest – »weder von seiten der bischöflichen Autorität noch von seiten der Theologen noch von seiten des Papstes. Das Verbot der Aristoteles-Vorlesungen war, seit einem Jahrzehnt vielleicht schon, in Vergessenheit geraten; und niemand in Paris dachte daran, es wieder zum Leben zu erwecken«. Fernand van Steenberghen, von dem diese Sätze stammen[20], fügt freilich die bedenkenswerte Bemerkung hinzu: das Studienstatut vom Jahre 1255 habe in den aufnahmebereiten Boden der Pariser Artisten-Fakultät jenen Samen eingesenkt, aus dem sich schon sehr bald der widerchristliche, »heterodoxe« Aristotelismus entfalten sollte.

Albertus Magnus ist »der erste Theologe des Mittelalters, der dem Aristotelismus klar und scharf ins Antlitz geschaut hat«[1]. Mit dem ungewöhnlichen Realitätshunger, der diesen Mann auch sonst auszeichnet, macht Albert sich auf eigene Faust[2] daran, das gesamte Werk des Aristoteles durchzuarbeiten und sich anzueignen. Der streitlustige junge Roger Bacon wird später den Pariser Professor ironisieren, der lehren wolle, ohne selbst in die Lehre gegangen zu sein. Doch gibt es damals für die Wissenschaft, um die es Albert zu tun ist, weder einen Lehrer noch eine Schule. – Obwohl er selbst kein Griechisch versteht[3], faßt er den nahezu phantastischen Plan, das gesamte Werk des Aristoteles, diese ganze neue Wirklichkeitslehre, dem lateinischen Westen zugänglich zu machen: *nostra intentio est, omnes dictas partes facere Latinis intelligibiles*[4]. Mit einem ähnlich selbstbewußten Satz hat, siebenhundert Jahre zuvor, Boethius fast das gleiche Vorhaben angekündigt[5]. Albert allerdings hat, anders als Boethius, den Entschluß tatsächlich in seinen Kommentaren zu sämtlichen Schriften des Aristoteles realisiert – mit dieser gewaltigen »Zürnkraft«, die das Schwere anspringt und sich auch einmal derb und geräuschvoll entlädt: gegen »Leute, die nichts wissen, aber auf alle Weise das Studium der Philosophie bekämpfen; rohe Tiere, die Geschrei vollführen wider das, wovon sie nichts verstehen«[6]. Das klingt einigermaßen schwäbisch; und in der Tat ist Albert, wie man weiß, aus Schwaben gebürtig.

Das Geburtsjahr ist, so scheint es, kaum noch genau zu bestimmen; wahrscheinlich fällt es in das letzte Jahrfünft des zwölften Jahrhunderts. Während seiner ersten Studien in Bologna und Padua gerät er dem »Menschenfänger« Jordan von Sachsen in den Weg, vor dem die Professoren ihre Studenten, mit nicht allzuviel Erfolg, zu warnen pflegen.

Jordan von Sachsen, aus der Gegend der niedersächsischen Stadt Dassel stammend, noch zu Lebzeiten des heiligen Dominikus und durch ihn gewonnen, bei den Predigerbrüdern eingetreten, bereits zwei Jahre danach als kaum Dreißigjähriger zum Nachfolger des Ordensgründers in der Leitung des gesamten Ordens gewählt, knapp anderthalb Jahrzehnte später vor der syrischen Küste im Sturm umgekommen und in Akkon begraben: eine der hinreißendsten Figuren des frühen dreizehnten Jahrhunderts, deren turbulenter Lebensgang den Atem einer heroischen Dichtung besitzt. Seine Organisationsgabe und seine elementare Tatkraft, verbunden mit außerordentlichem persönlichem Charme[7], bringt es zuwege, daß in den wenigen Jahren seines Wirkens Hunderte von neuen Ordenskonventen entstehen, von Irland bis nach Rußland hinein; ihm vor allem ist es zuzurechnen, daß die Scholaren, aber auch die Professoren der

jungen Universitäten der Gründung des Dominikus zuströmen. Es wird erzählt, er habe, in eine Universitätsstadt gekommen, stets sofort eine Menge neuer Ordensgewänder anfertigen lassen; und einmal soll er seine eigenen Bücher versetzt haben, um die Schulden von eintretenden Studenten zu bezahlen.
Dieser Mann also, selber erst drei Jahre Dominikaner, bewegt auch den Schwaben Albert zum Eintritt in den Predigerorden. Nach Abschluß seines theologischen Studiums etwa ein Jahrzehnt in verschiedenen deutschen Klöstern lehrend, besteigt Albert 1242, als erster Deutscher, einen Lehrstuhl an der Universität Paris. Damals unterzeichnet er eine Universitäts-Urkunde mit dem Namen *Albertus Teutonicus*[8]. In diesen Jahren ist es auch, daß ihm sein größter Schüler begegnet: Thomas von Aquin, der zwanzigjährig aus Italien kommt. Beide sind 1248, im Jahre der Grundsteinlegung des Domes, in Köln, wo Albert eine Ordenshochschule einzurichten hat. – Nachdem Thomas wenige Jahre später an den Pariser Konvent St. Jacques und kurz darauf an die Universität berufen wird, beginnt für Albert die unruhige Zeit seiner letzten Lebensjahrzehnte. Als Oberer der deutschen Ordensprovinzen durchwandert er in drei Jahren fast ganz Europa von Paris bis nach Ungarn und von Rom zur Bernsteinküste der deutschen Ostsee. Danach ruft ihn der Papst Alexander IV. auf den Bischofsstuhl des verwahrlosten

Bistums Regensburg: »Wir befehlen dir also, daß du Unseren oder vielmehr Gottes Wünschen folgest.. und dich zu jener Kirche begibst, um sie mit der Klugheit zu leiten, die Gott dir verliehen hat« – wohingegen der Ordensgeneral, Humbert von Romans, ihn bestürmt, diese Berufung abzulehnen; solche »Befehle« des Papstes seien bloße Formsache und kaum in vollem Ernst verbindlich: »Lieber sähe ich meinen vielgeliebten Sohn auf der Totenbahre als auf dem Bischofsstuhl«[9]. Albert aber geht, wenn auch nur für zwei Jahre, nach Regensburg, wo man übrigens den grob beschuhten Wandermönch den »Bundschuh« nennt. Danach sendet ihn der Papst als Kreuzzugsprediger durch Deutschland. 1268 beruft ihn die Leitung des Ordens ein zweites Mal an die Universität Paris, wo der Konflikt mit dem extremen »averroistischen« Flügel der Aristoteliker einen überlegenen Fechter verlangt. Aber Albert, der als Bischof eine gewisse Sonderstellung im Orden[10] besitzt, lehnt ab; statt seiner geht Thomas von Aquin. Albert nimmt seinen ständigen Wohnsitz von nun an in Köln. Aber noch mit fünfundsiebzig Jahren findet man ihn ständig unterwegs. 1273 ist er in Nymwegen, 1274 auf dem Allgemeinen Konzil zu Lyon [Thomas von Aquin ist auf dem Wege dorthin gestorben; Bonaventura stirbt während des Konzils]. 1275 legt Albert, von der Kölner Bürgerschaft aus Straßburg herbeigerufen, einen langwierigen Streit zwischen der Stadt, dem Erzbischof und der Kurie bei, wie schon einmal zwanzig Jahre früher. 1277 reist der bereits Achtzigjährige nach Paris, um die drohende Verurteilung einiger Lehrsätze seines großen Schülers Thomas zu verhindern [11] [was ihm aber nicht gelingt]. Im Jahre 1280 stirbt er in Köln, wo er auch begraben liegt.

*

Man begreift kaum, wie es möglich gewesen ist, in einem so sehr durch äußere Aktivität ausgefüllten Leben das immense schriftstellerische Werk, das in der neuen kritischen Ausgabe der *Opera omnia* vierzig Quartbände umfassen wird, überhaupt nur niederzuschreiben oder zu diktieren. Vergleicht man aber Albert mit anderen philosophisch-theologischen Autoren seiner Epoche, so stellt sich heraus, daß er »von allen Scholastikern das umfassendste Material gesammelt und verarbeitet«[12] hat. Er ist der einzige unter den Lehrern des dreizehnten Jahrhunderts, der außer dem ganzen Aristoteles auch sämtliche Schriften des Dionysius Areopagita kommentiert hat [13]. Aber auch die Araber sind ihm bekannt, vor allem die Schriften Avicennas, für den er eine »große Vorliebe« [14] hat. Seine Augustinus-Kenntnis ist, wie Grabmann nachgewiesen hat, so ausgebreitet, daß er sie nicht allein aus den gängigen Zitaten-Sammlungen geschöpft haben kann.

Albert ist, ebenso wie nach ihm Thomas von Aquin, auf das bestimmteste entschlossen, einerseits von dem überkommenen Traditionsbestand nichts preiszugeben, weder die Heilige Schrift noch auch Augustinus [und also auch Platon nicht], und anderseits dennoch die neuen Wahrheiten, die nun faßlich zu werden beginnen, gleichfalls ungeschmälert in Besitz zu nehmen. – Freilich entspricht der ungeheuren Fülle des im Werke Alberts aufgehäuften Materials noch nicht die Einbewältigungskraft, die das bloße Nebeneinander in einen von der Sache her begründbaren Zusammenhang zu bringen vermöchte. Und nicht zu Unrecht hat man von »Ungleichartigkeit«, »Dissonanz«[15] und »unruhigem Stil«[16] gesprochen; der Strom seines Denkens bewege sich, so sagt Joseph Bernhart[17], manchmal »in Strudeln auch gegen sich selbst«. So lassen sich aus dem Werke Alberts Gründe sowohl dafür anführen, daß er »der Schöpfer des christlichen Aristotelismus«[18] sei, wie auch dafür, daß es »falsch« sei, »ihn als Aristoteliker zu bezeichnen«[19], daß man ihn im Gegenteil »viel eher .. den kraftvollen Fortsetzer des .. Neuplatonismus«[20] nennen müsse. Die Zusammenfügung all dieser, natürlicherweise auseinanderstrebenden Elemente zu einem einheitlichen gedanklichen Ordnungsgebilde, in dem dennoch das Einzelne seine Eigenprägung nicht verliert – diese Aufgabe wird von Albert, der mehr eine erobernde als eine ordnende Natur ist, unbewältigt liegen gelassen. Es ist die Aufgabe, die seinen Schüler Thomas von Aquin erwartet.

*

Nun aber ist von einem besonderen Aspekt der Größe Alberts bisher überhaupt noch nicht die Rede gewesen. Von ihm her aber kommt nicht allein ein neuer, äußerst charakteristischer Zug im Porträt des Menschen Albert zu Gesicht, sondern auch die geistige Antriebskraft, die im dreizehnten Jahrhundert etwas radikal und unabsehbar Neues in Gang zu bringen bestimmt ist. Nach dem bis jetzt Gesagten könnte man Albert für einen zwar ungewöhnlich kenntnisreichen, die gewaltige Bibliothek überkommener Gedanken von Grund auf beherrschenden Kopf halten, aber doch für einen wesentlich mit abstraktem Wissen befaßten, am ehesten im Umgang mit Büchern vorzustellenden Gelehrten. Die wirkliche Universalität Alberts nun zeigt sich darin, daß man ihn, den Verfasser des Pflanzenbuches[21] und der Tierkunde[22], mit genau dem gleichen Recht als das Gegenteil bezeichnen kann, als einen Mann nämlich der unmittelbaren Erfahrung, der Empirie, der Beobachtung und des Experiments.

Auf seinen Wanderungen durch das Abendland kann Albert sich gar nicht genug darin tun, die Fischer, Jäger, Bienenzüchter und Vogelsteller zu befragen und ihnen zuzuschauen. Aber auch er selbst wendet den Dingen der sichtbaren Welt eine in allen Sinnen wache, äußerst genaue und im Goetheschen Sinn »un-prätenziöse«[23] Aufmerksamkeit zu. Er beschreibt nicht nur, von der Schale bis zum Kern, den *Apfel*[24], sondern auch die »immergrünen lederigen Blätter« der *Mistel,* »fast wie Olivenlaub, aber mit zitronengelbem Schimmer«[25]. Er macht genaue Angaben darüber, welche *Spinnen*[26] Netze spinnen und wo – am Fenster, im Gebüsch, am Boden — und welche Spinnen ihre Beute im Sprung erjagen. Er unterscheidet zwischen *Dornen* und *Stacheln.* Er weiß, weil er es im Schmecken ausprobiert hat, daß der *Saft der Bäume*[27] am bittersten in der Wurzel ist, und daß sich im Hinterleib der *Biene* ein durchsichtiges Säckchen von feinem Honiggeschmack[28] befindet. Der *Aal* lebt nicht, wie Aristoteles sagt, vom Schlamm: »Ich selbst habe gesehen, wie er einen Frosch, Würmer und Stückchen vom Fisch fraß und an der Angel mit solchem Köder gefangen wurde«[29]. Nicht selten wird auf solche Weise, das heißt, durch den Rückgriff auf die Erfahrung, Aristoteles korrigiert[30], erst recht natürlich die rein legendarischen Angaben des Volksbuches »Physiologus«. Diese Korrekturen haben oft einen durchaus prinzipiellen, manchmal auch einen leicht aggressiven Ton. Zum Beispiel: »Über das Konkrete kann es keine Philosophie geben«, *de particularibus enim philosophia esse non poterit*[31]. Oder: »Der Phönix ist ein Vogel Ostarabiens – so schreiben jene, die mehr in der mystischen Theologie forschen als in der Natur«[32]. – Wie wenig solcher Wirklichkeitssinn mit banausischer »Wissenschaftlichkeit« zu tun hat, zeigt ein Satz wie der von den Grundformen der Blüte, in dem sich präzise Beobachtung und reine

Poesie verknüpfen. Die Blüte habe, so sagt Albert in seinem Pflanzenbuch[33], dreierlei Gestalt: Vogel, Glocke, Stern.

*

Es ist aber, genau genommen, nicht die erstaunliche Fülle empirisch gewonnener Naturerkenntnis, um deretwillen ich gesagt habe, Albert habe in der Geschichte des europäischen Philosophierens etwas unabsehbar Folgenreiches in Gang gebracht – wenngleich auch der Naturforscher zu Recht als ein Neubeginner gerühmt worden ist: »Wäre die Entwicklung der Naturwissenschaften auf der von Albert eingeschlagenen Bahn weitergegangen, so wäre ihr ein Umweg von drei Jahrhunderten erspart geblieben«[34]. Das für den Fortgang der *philosophischen* Weltdeutung umstürzend Neue aber ist, daß Albertus Magnus mit unnachgiebiger Bestimmtheit das in der unmittelbaren Begegnung mit den Sachen gewonnene, konkrete Wirklichkeitswissen für den unabdingbaren Ausgangspunkt aller natürlichen Erkenntnis erklärt. In dem der Erfahrung zugänglichen Bezirk muß das Überlieferte, sofern es Gültigkeit beansprucht, der Nachprüfung standhalten. Das bedeutet nicht weniger, als daß, so weit die Erfahrung zu dringen vermag, die Unabhängigkeit des mündigen Menschen gegenüber jeder denkbaren Autorität etwas Selbstverständliches sei. *Experimentum solum cer-*

tificat in talibus[35] – das ist, mit solchem Anspruch vorgebracht, ein fundamental neuer Satz: »In solchen Dingen gibt einzig die Erfahrung Gewißheit«. Und man muß sehen, daß dies durchaus in der Weise der Entgegensetzung und Ausschließung gesagt ist. Es ist ja gesagt, daß es primär weder auf die Formalismen der Logik ankomme noch auf die »Synthesen« erdenkende Kombinatorik der rationalen Spekulation, sondern auf *Sach-Wissen*, gewonnen im Angesicht erfahrbarer Wirklichkeit. Das richtet sich völlig klar gegen die, »welche jede begriffliche Unterscheidung für eine sachliche Lösung halten«, *qui omnem distinctionem solutionem esse reputant*[36]. »Was mich betrifft: ich hasse logische Argumentationen in *den* Wissenschaften, die es mit Sachen zu tun haben«[37].

Werner Heisenberg[38] hat vor einiger Zeit gesagt, im Mittelalter habe man »die Natur als das Werk Gottes gedacht«, »und es wäre den Menschen jener Zeit sinnlos erschienen, nach der materiellen Welt unabhängig von Gott zu fragen«. In bezug auf Männer wie Albertus Magnus und Thomas von Aquin ist das eine, gelinde gesagt, unerlaubt vereinfachende Formulierung. Natürlich sind beide davon überzeugt, daß die Welt Schöpfung [*creatura*] ist. Aber: *weil* Erschaffung *per definitionem* besagt, daß den Dingen das eigene Sein wahrhaft als ihr Eigentum mitgeteilt wird, wissen sie auch, daß man die Werke Gottes gar nicht zu fassen bekommt, es sei denn, man nehme sie als sie selber in den Blick, *secundum quod hujusmodi sunt*[39]. Ebendies freilich ist vor Albertus Magnus niemals mit solch energischer Präzision ausgesprochen worden. Genau dies ist das Neue. Für Albert ist es einfachhin selbstverständlich, theologische Argumente innerhalb der naturwissenschaftlichen Erörterung abzulehnen[40]. Und er hat, wie Gilson[41] sich ausdrückt, »keine Geduld mit der frommen Einfalt der Theologen«, die sich dispensieren von einer philosophischen Antwort auf philosophische Fragen. Vielmehr verlangt er vom Theologen, daß ihm vorweg die philosophische und wissenschaftliche Bildung der Zeit präsent und verfügbar sei[42]. Man begreift sehr wohl die Zurückhaltung des eigenen Ordens angesichts solcher kaum erfüllbarer Forderungen; und man wird es völlig berechtigt finden müssen, daß mehrere Generalkapitel [1271, 1278, 1280] auf den für eine Priestergemeinschaft selbstverständlichen Vorrang der Theologie vor dem profanen Wissen hinweisen[43]. Dennoch sollte man darüber nicht vergessen, daß Albert hier die wahre Aufgabe der Theologie in der Welt zum ersten Mal gültig formuliert – mag auch diese Aufgabe, ebenso wie die der Philosophie, von einem Einzelnen niemals voll realisiert werden können.

*

Wiederum also ist die Verknüpfung von *fides* und *ratio* um eine Dimension schwieriger und anspruchsvoller geworden – vor allem deswegen, weil die *ratio* selber eine neue, umfassendere Bedeutung bekommen hat. Für Albertus Magnus besagt *»ratio«* nicht nur die Fähigkeit des formal richtigen Denkens und auch nicht primär das Vermögen, die Heilswahrheiten durch geschöpfliche Analogien und durch »Konvenienz-Gründe« zu verknüpfen und unserer Vorstellung zugänglich zu machen, sondern vor allem anderen die Fähigkeit des Menschen, die ihm begegnende Realität zu erfassen. Was Johann von Salisbury mehr praktiziert als theoretisch begründet hat, das wird durch Albertus Magnus auf Grund breitester Wirklichkeitserfahrung und zugleich profunder Kenntnis der gesamten zeitgenössischen Philosophie und Theologie als Prinzip formuliert. »Verknüpfe, soviel du nur vermagst, den Glauben mit der Vernunft« – dieser Satz des Boethius bedeutet von nun an die Aufgabe, das Geglaubte in eine immer neu zu stiftende, sinnvolle Zuordnung zu bringen zu dem unaufhörlich und ins Unabsehbare sich vervielfachenden Gesamtbestand des natürlichen Wissens von Mensch und Welt.

IX

Wahrheit bedeutet das Offenbarsein und Sich-Zeigen der wirklichen Dinge. Folglich ist Wahrheit etwas Zweites, Nachgeordnetes. Wahrheit für sich allein gibt es nicht. Das ihr stets vorausliegende Erste sind die seienden Dinge, das Wirkliche. – Wahrheitserkenntnis also zielt letztlich nicht auf »Wahrheit«, sondern, genau genommen, darauf, daß Realität zu Gesicht komme. Wenn wir ferner »Glaubenswahrheit« von »Vernunftwahrheit« unterscheiden, so will das besagen, es gebe einerseits Dinge, deren wir nur im Glauben an die göttliche Offenbarung ansichtig werden, und anderseits Dinge, die der natürlichen Erkenntnis faßlich sind. Selbst wenn von »Glauben« und »Wissen« die Rede ist, so sind durchweg, dem wortwörtlich Gesagten zum Trotz, nicht zwei verschiedene Akte oder Verhaltensweisen des menschlichen Geistes gemeint, sondern die beiden Wirklichkeitsbereiche, die wir berühren, indem wir glauben oder wissen.

»Verknüpfung von Glauben und Wissen«: das heißt also im Grunde so viel wie diese beiden *Wirklichkeitsbereiche* zusammendenken – einesteils das Allgesamt der geschaffenen Dinge, die der natürlichen Erkenntnis vor Augen liegen [was noch nicht besagt, daß wir sie jemals begreifen]; anderenteils die uns in der offenbarenden Rede Gottes, das heißt, im Glauben erschlossene Wirklichkeit, benennbar vor allem durch die Chiffren »Trinität« und »Inkarnation«. Die so verstandene Aufgabe der Verknüpfung enthält freilich einen Anspruch, der nicht allein an das rationale Denken gerichtet ist; insofern bedarf der Ausdruck »zusammen*denken*« einer Korrektur. Wir sind vielmehr aufgefordert, etwas zu leisten, das, näher am Personkern als das Denken, den geistigen Existenzvollzug selber ausmacht.

Hiermit nun ist, wie ich glaube, ziemlich genau die Deutung umschrieben, die *Thomas von Aquin* dem durch Boethius formulierten Prinzip gibt. Sie ist die radikalste Gestalt, in welcher es überhaupt gedacht werden kann. Indem nämlich Thomas die natürliche Wirklichkeit, mit einer ihn durchaus unterscheidend auszeichnenden Konsequenz, als göttliche Schöpfung sieht, die im Ereignis der Inkarnation auf unbegreiflich neue Weise eins wird mit ihrem Ursprung, macht er zweierlei deutlich: erstens, wie sehr die Zuwendung des Menschen zur Welt in allen ihren Bereichen eine theologisch nicht allein legitimierte, sondern geforderte Haltung ist; zweitens, daß die Theologie selber sich nur entfalten kann im Horizont der Gesamtwirklichkeit, von der auch nicht ein einziges Element aus der Betrachtung ausgeschlossen werden darf. Es mag hier die anderswo[1] gebrauchte, abkürzende Formulierung wiederholt werden: »theologisch gegründete Weltlichkeit und weltoffene Theologie«.

*

Von Anfang an ist zu vermuten, daß diese Konzeption sich nicht leichthin und also nicht durchschnittlicherweise realisiert finden wird. Im Gegenteil, sollte dies durch eine glückliche Fügung wirklich einmal geraten, so wird man kaum damit rechnen, daß der unwahrscheinliche Zustand, da die widerstrebigen Kräfte einander die Waage halten, von langer Dauer sein könnte. Gilson[2] hat von der – in die Mitte des dreizehnten Jahrhunderts fallenden – Spanne eines »Augenblicks« gesprochen, welche der »klassischen Zeit« der Scholastik zugemessen gewesen sei – ein Augenblick unmittelbar vor dem bereits, für jedermann ahnbar, heraufziehenden Sturm. – Fast kann man im vorhinein und *in abstracto* sogar die bevorzugten Richtungen erschließen, nach denen hin das ebenso differenzierte wie verletzliche Ordnungsgefüge vermutlich »nachgeben« und sich auflösen wird.

Zum Beispiel ist zu erwarten, daß einer kommen [oder vielmehr immer schon sich bereithalten] wird, der sagt: »Ich mißbillige keineswegs das Studium der Philosophie [und der Wissenschaften], wofern es nur dem theologischen Geheimnis dient..« Dies Wort, ausdrücklich gemünzt gegen die Aristoteleskommentare des Thomas von Aquin, stammt von einem seiner Gegenspieler, von dem Franziskaner *John Peckham*[3], Professor der Universitäten Paris und Oxford, später Erzbischof von Canterbury. John Peckham gehört zu den Wortführern der traditionellen philosophisch-theologischen Weltansicht, die man, nicht besonders glücklich, als »mittelalterlichen Augustinismus« zu bezeichnen pflegt[4]. Sein Einwand besagt, es sei doch offenbar nur ein Teil der Schöpfung, dessen Erkenntnis für den Theologen von Belang sei; es gebe schließlich wichtige und unwichtige Dinge in der Welt, und für die Verknüpfung von *fides* und *ratio* falle natürlich nur das thematisch Bedeutsame ins Gewicht. Diese These, die sich als Äußerung eines Theologieprofessors recht plausibel anhört, gewinnt noch dadurch an Triftigkeit, daß auch der Ordensgeneral der Franziskaner, Bonaventura, sie in seinen letzten Lebensjahren nachdrücklicher zu stützen beginnt, nachdem die Sorge um die Einheit der christlichen Weltansicht, die für ihn selbstverständlich primär Lebens- und Weisheitslehre ist, und die Erfahrung mit dem extremen Aristotelismus an der Universität Paris ihn mißtrauischer gemacht haben gegen die Möglichkeiten der natürlichen Vernunft überhaupt[5]. – Thomas, auch er Theologe, antwortet auf den Einwand seinerseits etwa so: Es liegt in niemandes Zuständigkeit, zu bestimmen, welche natürlichen Dinge zu kennen für die Theologie wichtig oder unwichtig ist; der »Dienst«, den die Erforschung der Weltwirklichkeit etwa für den Theologen bereithalten mag, ist gar nicht ein für alle Mal im voraus abzuschätzen; ganz allgemein aber gilt, daß die Erkenntnis des Glaubens das natürliche Wissen von der Welt voraussetzt und also braucht[6]; zuweilen führt ein Irrtum über die Schöpfung zweifellos von der Wahrheit auch des Glaubens ab[7]; außerdem ist, schließlich, das Studium der geschaffenen Dinge ebendeswegen um seiner selbst willen zu loben[8], weil diese Dinge Werke Gottes sind.

Übrigens verknüpfen sich bei John Peckham mit jenem Einwand noch einige andere Thesen, die nur scheinbar ohne Zusammenhang damit sind. In dem berühmten öffentlichen Disput zum Beispiel, den Thomas von Aquin und John Peckham im Jahre 1270 vor den Pariser Professoren und Studenten miteinander führen, steht die von Thomas verfochtene, von seinem Partner leidenschaftlich abgelehnte[9] Meinung zur Diskussion, daß es im Menschen nur ein einziges Lebensprinzip gebe, nämlich die geistige Seele – womit, weniger schulmäßig ausgedrückt, nichts anderes behauptet bzw. bestritten ist, als daß der Leib mit zum Wesen des Menschen gehöre[10]. Hier kommt an den Tag, welcher Teil der Schöpfung es ist, den diese unweltliche Theologie für »weniger wichtig«, wenn nicht gar für verdächtig hält.

*

Doch ist dies nicht der gefährlichste unter den Gegnern, denen Thomas sich gegenüber sieht. Destruktiver, folgenreicher, vielleicht auch näherliegend als die Befehdung durch die prinzipielle Unweltlichkeit der Konservativen ist die Bedrohung seiner Konzeption durch den rasanten Säkularismus jener sich avantgardistisch gebärdenden Gruppe junger Pariser Professoren, die sich von etwa 1265 an um ihren temperamentvollen Kollegen *Siger von Brabant* zu scharen beginnen. Man hat diese Gruppe mit verschiedenen Schlagworten zu kennzeichnen versucht: »lateinischer Averroismus«[11], »heterodoxer Aristotelismus«[12], *»philosophism«*[13]. Wir lassen diese Bezeichnungen, deren jede eine Seite des Sachverhalts zu treffen scheint, auf sich beruhen. Welches aber sind die Thesen, die von dieser Gruppe verfochten werden? Man kann eine ganze Liste einzelner Sätze aufstellen [Ewigkeit der Welt; Einzigkeit des Intellekts in allen Menschen; Leugnung der Willensfreiheit; usw.]. Der gemeinsame Quellpunkt aber, von dem sie sich herleiten, ist schwer zu fassen; er scheint sich unter einer Art Tarnung zu verbergen. Die Infragestellung des Überkommenen ist offenbar so radikal, daß man nicht wagt, sie unumwunden auszusprechen – vielleicht nicht einmal vor sich selbst[14]. Eine der zuhandenen Tarnungsmöglichkeiten heißt: Aristoteles-Interpretation. »Einige von denen, die in der Philosophie sich betätigen, sagen Dinge, die gemäß dem Glauben nicht wahr sind; wenn man ihnen aber zu verstehen gibt, daß ihre Rede wider den Glauben verstoße, dann antworten sie, es sei der Philosoph [= Aristoteles], der solches sage; was sie selbst betreffe, so seien sie nicht der gleichen Meinung; es handle sich eben nur um eine

Wiedergabe der Worte des Philosophen.« So Thomas von Aquin, in einer Predigt vor der Universität Paris [15]. Wie man sieht, ist das nicht sehr weit entfernt von dem Vorwurf der »doppelten Wahrheit«, besagend, jene Leute, nämlich Siger von Brabant und seine Gefährten, seien der Meinung, es könne etwas wissenschaftlich-philosophisch wahr, aber zugleich theologisch falsch sein – und umgekehrt. Nun ist es zwar völlig sicher, daß Siger von Brabant die These von der doppelten Wahrheit nicht nur nicht verfochten, sondern ausdrücklich abgelehnt hat. Und es spricht vieles dafür, daß dies nicht aus bloßer Vorsicht, sondern aufrichtigen Herzens geschehen ist [16]. Aber ich würde es in diesem Punkt mit Gilson [17] halten: es kommt, so oder so, auf das gleiche hinaus; schon mancher hat, in voller subjektiver Ehrlichkeit, eine Konsequenz von sich gewiesen, die er »im Prinzip« dennoch bejaht. Rein logisch betrachtet, gibt es jedenfalls für Siger von Brabant kaum eine Möglichkeit, der Konsequenz der doppelten Wahrheit auszuweichen. Das aber bedeutet, daß hier zum ersten Mal seit Boethius, ja seit Augustinus und Justin, die gedankliche Möglichkeit auftaucht, das Prinzip der Verknüpfung des Geglaubten mit dem Gewußten, *das Prinzip selbst,* zu verneinen: das Ende des Mittelalters kündigt sich an.

Dennoch ist es nicht so, als sei dem Siger von Brabant formell an der Verneinung jenes Prinzips gelegen. Es ist ihm offenbar überhaupt nicht primär um Verneinungen zu tun. Wenn man alles bedenkt, was die Forschung der letzten Jahrzehnte über das Werk dieses Mannes zutage gebracht hat[18], so zeigt sich vielmehr hinter den verschiedenen Lehren und Thesen ein einziges leidenschaftliches Interesse. Vielleicht sollte man statt von »Interesse« eher von »Faszination« sprechen. Es ist die, bei einem so enthusiastisch dem Geschäft des Denkens hingegebenen Kopf ganz und gar begreifliche Faszination angesichts der durch Aristoteles plötzlich erschlossenen, unabsehbaren und in der Tat erstaunlichen Möglichkeiten menschlicher Vernunft-Erkenntnis; man kann auch sagen: angesichts des durch Aristoteles neu vor Augen gebrachten Reichtums der ins Unendliche erforschbaren natürlichen Welt. »Mehr noch als die Vernunft scheint es zunächst die Natur zu sein, die Aristoteles diesen Geistern freilegt«: »es tritt zutage eine *wirkliche* Welt, eine *erkennbare* Welt«[19]. – Und die Theologie? Natürlich wird sie nicht ausdrücklich verneint; das liegt für das Denken dieser Zeit schlechthin jenseits des Bereichs der Möglichkeiten. Aber angesichts dieser neu zugänglich gewordenen Fülle natürlichen Weltwissens wird die Theologie einfach uninteressant. Man läßt sie, in einer fast naiven Unbekümmertheit und Rücksichtslosigkeit[20], auf sich beruhen. Tatsächlich gibt es bei Siger von Brabant, der immerhin Kanonikus von St. Martin in Lüttich ist, unter der beträchtlichen Anzahl seiner Traktate keinen einzigen mit theologischer

Thematik[21]. Auch das ist etwas Neues, etwas »*Un*mittelalterliches«.

Dieser höchst dynamische Rationalismus also der sich faktisch autark dünkenden Vernunft beginnt an der Pariser Universität seit etwa 1265 das Feld zu beherrschen. Und es gibt damals in dieser Stadt niemanden, der dem mit überlegenen Argumenten entgegentreten könnte. Das ist der Grund, weswegen Albertus Magnus und, als dieser ablehnt, Thomas von Aquin noch einmal nach Paris gerufen wird [1268]. Thomas greift auch kräftig in die Auseinandersetzung ein. Freilich muß er, ohne eigentlichen Bundesgenossen[22], einen theoretisch ebenso schwierigen wie praktisch gefahrvollen Mehrfrontenkampf führen: gegen die Revolutionäre um Siger von Brabant *und* zugleich gegen die prinzipiell Konservativen vom Schlage des John Peckham – von dessen Blickpunkt aus Siger und Thomas eigentlich eins sind, jedenfalls beide gleichermaßen und aus demselben Grunde gefährlich. »In den Augen derer, die den tieferen Sinn seiner philosophischen Errungenschaften nicht zu verstehen vermochten, mußte Thomas wenn nicht als Averroist, so doch als ›Mitläufer‹ erscheinen«[23]. Thomas also argumentiert in kleineren Streitschriften[24] gegen bestimmte Einzellehren des Siger von Brabant. Vor allem aber schreibt er in diesen Pariser Jahren, die bereits die letzten seines Lebens sind, die großen Kommentare zu Aristoteles. Sie bezeugen, wie sehr er selber, nicht minder als Siger und seine Gefährten, die natürliche Weltwirklichkeit gleichfalls für eine in allen ihren Bereichen zu bejahende, »gute« Realität eigenen Rechtes hält, und dies nicht obwohl, sondern gerade weil er, aus theologischen Gründen, die Welt als Schöpfung und überdies als die *materia* der sakramentlichen Mysterien des Christentums versteht. Es scheint aber, daß es Thomas nicht gelingt, seinen Partnern deutlich zu machen, daß in seiner Konzeption das Beste der beiden gegnerischen Thesen bewahrt und gerettet bleibt. Vor allem aber bringt er es anscheinend nicht zuwege, glaubhaft zu machen, daß und wieso seine eigene Position sich, über die Lehrunterschiede in einzelnen Punkten hinaus, radikal von der des Siger von Brabant unterscheide. Die Verfechter der traditionellen augustinisch-platonischen Weltansicht jedenfalls werden das, wie sich bald zeigen soll, weiterhin bestreiten. Und Siger selbst gegenüber liegt die Schwierigkeit darin, daß dessen tiefste Meinung aus vielerlei Gründen [Vorsicht? Selbsttäuschung? Tarnung?] unausgesprochen bleibt und also kaum zu fassen ist. »Stellt« man ihn, dann lautet die Auskunft, es handle sich nicht um eigene Thesen, sondern um Aristoteles-Interpretation. Und der Vorwurf, ob nicht der Vernunft allzu ausschließliche Geltung zugesprochen werde, wird rasch gegenstandslos angesichts der Beteuerung, daß im Fall der Nicht-Übereinstimmung zwischen Glauben und Wissen selbstverständlich der Glaube den Vorrang besitze[25].

Es bleibt noch ein Wort zu sagen über eine Eigentümlichkeit dieses neuen Rationalismus, die auf den ersten Blick verwunderlich erscheint und geradezu ungereimt. F. van Steenberghen[26] spricht von der »Kuriosität« [*chose curieuse*], daß »diese sich revolutionär aufführenden, verwegenen Geister, die nicht zögern, die aus einer christlichen Lebensumwelt empfangenen Ideen zu zerschlagen, sich gleichzeitig zu einem wahren Kult der philosophischen Tradition bekennen«, so daß Philosophieren für sie vor allem besage: »erforschen, was jeweils die Philosophen über eine bestimmte Frage denken«[27]. Wie leicht zu sehen ist, steht hiermit etwas in hohem Maße Aktuelles zur Rede, etwas heutigentags allenthalben Antreffbares, nämlich die rein historisierende Erörterung philosophischer Fragen. Allerdings handelt es sich, wie ich glaube, keineswegs um ein »Kuriosum«, sondern um die völlig erwartbare Sache, daß dem Philosophierenden in dem gleichen Augenblick, da er die Orientierung an der heiligen Überlieferung aufgibt, zweierlei widerfährt: daß er erstens seinen wahren Gegenstand, die wirkliche Welt und ihre Sinnstruktur, aus dem Blick verliert und nun statt dessen von etwas ganz anderem redet, nämlich von der Philosophie und den Philosophen; daß er zweitens, des legitimen Haltes an der einzig verbindlichen Tradition verlustig, illegitim und übrigens vergeblich im bloß faktisch Überkommenen, im beliebigen historischen »Material« nach einer Stütze suchen muß – indem er sich an mehr oder weniger zufällig angetroffene »große Denker« anschließt oder indem er sich in besinnungslosem Fleiß mit anderer Leute Meinungen befaßt.

Dies ist der Punkt, den in genau der gleichen Sache 1271/72 an Siger von Brabant gerichteten, viele Male zitierten Satz des heiligen Thomas[28] in die Erinnerung zu rufen: »Das Studium der Philosophie hat nicht den Sinn, zu erfahren, was andere gedacht haben, sondern zu erfahren, wie die Wahrheit der Dinge sich verhält.«

X

Die nach 1950 erschienenen Darstellungen der mittelalterlichen Philosophie unterscheiden sich von fast allen früheren dadurch [unter anderem], daß sie ein bestimmtes Ereignis, das zunächst gar nichts sonderlich aus der Reihe Fallendes zu sein scheint, überraschend wichtig nehmen: die im März 1277 in Paris und Oxford ausgesprochene kirchliche Verurteilung philosophisch-theologischer Sätze. – In Albert Stöckls dreibändiger »Geschichte der Philosophie des Mittelalters« [1864/66] ist das Faktum nur beiläufig erwähnt; die sonst sehr ausführliche Darstellung in Überwegs Geschichtswerk[1] [Auflage 1928] berichtet darüber in knapp zwanzig Zeilen. Wohingegen die 1951 erschienene Geschichte der Lehrentwicklung des dreizehnten Jahrhunderts von Fernand van Steenberghen[2] ihm ein ganzes Kapitel widmet, fast ein Fünftel ihres gesamten Textes. Und von den elf großen Abschnitten, in die Etienne Gilson seine *History of Christian Philosophy in the Middle Ages* von 1955 gliedert, ist einer überschrieben: *The condemnation of 1277*. Van Steenberghen nennt diese »schwerwiegendste Verurteilung des Mittelalters«[3] den »wahren Angelpunkt der Geistesgeschichte dieser Epoche«[4]. Auch Gilson spricht von einem »Grenzzeichen« [*landmark*] und sagt, das Ereignis habe die Atmosphäre des intellektuellen Lebens so von Grund auf verändert, daß man es bestimmten Lehren, ohne schon Näheres zu wissen, sogleich anmerke, ob sie vorher oder nachher konzipiert seien[5]. – Was also hat sich zugetragen?

Als Thomas von Aquin 1272 Paris verläßt und anderthalb Jahre später stirbt, geht, wie nicht anders zu erwarten, der Streit der Meinungen über die Rolle der Philosophie und der »weltlichen« Wissenschaften weiter. Eines allerdings ist anders geworden: die Position des heiligen Thomas selbst, der in diesem Streit, genau genommen, niemals »Partei« gewesen ist, hat keinen Verteidiger mehr von seinem Rang. – Im Jahre 1276 besteigt Petrus Hispanus, aus Lissabon gebürtig, ein früherer Pariser Logik-Professor, Kommentator sowohl des Aristoteles wie des Dionysius Areopagita, zugleich übrigens Mediziner griechisch-arabischer Tradition, als Johannes XXI. den päpstlichen Stuhl. Natürlicherweise interessiert an den Lehrstreitigkeiten in Paris, bittet er den dortigen Bischof, Etienne Tempier, um einen Bericht. Dieser Bischof aber, bis vor wenigen Jahren selber Professor an der Pariser Universität, ist in der Sache durchaus »engagiert« [milde ausgedrückt]; er gehört der traditionellen Richtung an, was besagt, daß er Siger von Brabant klar ablehnt, aber auch gegenüber Thomas von Aquin erhebliche Vorbehalte hat. Ob der angeforderte Bericht nach Rom gesandt worden ist, läßt sich heute nicht mehr ausmachen; irgendwelche Spuren davon gibt es nicht. Bekannt aber ist, daß der Bischof Tempier, ein heftiger Mann und,

»nicht gerade die Mäßigung in Person«[6], durch eine rasch zusammengerufene Kommission eine »hastige Untersuchung«[7] durchführen läßt und schließlich, gut sechs Wochen nach dem Datum der päpstlichen Anfrage – bevor also aus Rom eine Antwort auf einen etwaigen Bericht eingetroffen sein dürfte –, eine Liste von zweihundertneunzehn Sätzen kraft eigener Autorität verurteilt, am 7. März 1277 – auf den Tag genau drei Jahre nach dem Tode des Thomas von Aquin. Dies ist deswegen erwähnenswert, weil auch einige Sätze des späteren »allgemeinen Lehrers« der Kirche in dem Verurteilungsdekret aufgeführt sind. [Da es sich durchweg nicht um wörtliche Zitate aus seinen Schriften handelt, ist die genaue Identifizierung erschwert und übrigens noch immer strittig – wozu Gilson[8] ironisch anmerkt: »Die Liste der durch die Verurteilung betroffenen Thomas-Sätze ist länger oder kürzer, je nachdem ein Franziskaner oder ein Dominikaner sie zusammengestellt hat«.] – Im übrigen reiht das Dekret Sätze von unterschiedlichstem Inhalt aneinander – »in schöner Unordnung«, wie van Steenberghen[9] sagt, und ohne daß Wiederholungen und sogar Widersprüche völlig vermieden sind. Sie handeln etwa von der Bedeutung der Philosophie, von der göttlichen Erkenntnis, von der Beziehung zwischen Schöpfer und Schöpfung, von den Engeln, vom Wunder, vom letzten Ziel des Menschen – und so fort. Dennoch wird die Richtung, in welche dieser Verurteilungsakt zielt, einigermaßen deutlich, schon dadurch, daß der Bischof, in der Vorrede, unverblümt von Professoren der Artisten-Fakultät spricht, die heidnischen Philosophen folgen und verabscheuenswerte Irrtümer vortragen, dann aber, um der Anklage der Häresie zu entgehen, einen Unterschied konstruieren zwischen Glaubenswahrheit und philosophischer Wahrheit, »als könnte es zwei einander widerstreitende Wahrheiten geben«, *quasi sint duae contrariae veritates*[10]. Natürlich reicht die Jurisdiktion des Bischofs Tempier nicht über den Pariser Sprengel hinaus; immerhin untersteht ihr die Universität Paris, und darauf kommt es hier an. Jetzt aber geschieht das Weitere, daß auch der Erzbischof von Canterbury, elf Tage nach der Pariser Verurteilung, seinerseits eine Reihe von Sätzen verurteilt. Und natürlich handelt es sich nicht um Canterbury, sondern, wiederum, um die Universität, die im Sprengel von Canterbury liegt: um die Universität Oxford. Übrigens können die in Oxford verurteilten Sätze sämtlich als mehr oder weniger »thomistisch«[11] gelten – wozu man wissen muß, daß der Erzbischof von Canterbury, Robert Kilwardby, gleichfalls ehedem Pariser Magister und danach Theologie-Professor in Oxford, zwar Dominikaner ist, aber nichtsdestoweniger ein hartnäckiger Gegner seines Ordensgenossen Thomas von Aquin. Sein Nachfolger auf dem Stuhl von Canterbury wird niemand anders sein als John Peckham, der 1284 die Verurteilung nochmals ausdrücklich bekräftigt und 1286 eine

neue, die gleichfalls gegen Thomas gerichtet ist, folgen läßt.
Dies also sind, summarisch berichtet, die Fakten. Man kann sich denken, welche Bedeutung allein die Tatsache ihnen gegeben hat, daß ihr Schauplatz die beiden führenden Hohen Schulen der Christenheit sind. Ebendies entspricht offenbar genau der Absicht der beiden Bischöfe, die kaum ohne gemeinsamen Plan gehandelt haben können. Das Aufsehen, das die Verurteilungen über das ganze Abendland hin erregen, ist außerordentlich. Das Oxforder Dekret wird in Paris ebenso lebhaft erörtert wie das des Bischofs Tempier. Und sehr bald schon hat sich Robert Kilwardby zu einer kritischen Anfrage zu äußern, die ein anderer Dominikaner, auch er Bischof [von Korinth], Peter von Conflans, ihm vorlegt – worauf der Befragte sich auf die Zustimmung der Oxforder Professoren beruft, deren er sich versichert habe [12].
Schon hieraus geht hervor, daß die verschiedenartigsten Kräfte und Motive, kaum entwirrbar, im Spiel sind – weswegen eine zutreffende Beurteilung der Vorgänge keineswegs leicht ist. – Wer sich etwa darauf versteift, das Ganze als eine bloße klerikale oder auch professorale Intrige zu sehen, bringt sich um die Chance einer umfassenden Einsicht in den Sachverhalt. Rivalitäten spielen zwar unbestreitbar eine beträchtliche Rolle; und wenn in einer grundgelehrten Abhandlung über den Bischof Tempier gesagt wird, das Dekret von 1277 sei, soweit

es Thomas von Aquin betreffe, eine tendenziöse Partei-Machenschaft[13], dann ist das gewiß kein leichtfertiges Urteil. Es wird sich ferner kaum widerlegen lassen, daß die Pariser Verurteilung eine Verteidigungsmaßnahme der theologischen Fakultät im Konkurrenzkampf gegen den zunehmenden Ruhm und Einfluß der Artisten-Fakultät ist. Van Steenberghen[14] hat die Verurteilung eine »unbesonnene Handlung« genannt, »hervorgerufen durch die Panik unter den Theologen und vielleicht auch durch den wachsenden Erfolg des Aristotelismus«. – Man darf aber nicht übersehen, daß es sich zugleich auch um einen disziplinären Akt des kirchlichen Amtes handelt, gerichtet gegen den grundsätzlichen Säkularismus, wie er, wohlzubedenken, durch Professoren aus dem Kleriker- oder Priesterstande an einer auf päpstliche Privilegien gegründeten Universität gelehrt wird. Das Recht zu einem solchen Akt läßt sich, wie mir scheint, der Kirche nicht gut bestreiten. Damit rückt außer den menschlichen Unzulänglichkeiten die sachliche Begründung in das Blickfeld.

Wenn man sich dazu versteht, die Umstände des Zustandekommens der Verurteilung für einen Augenblick zu vergessen, und wenn man mit möglichster Unbefangenheit bedenkt, daß in den verurteilten Sätzen etwa gesagt wird: die Glückseligkeit sei nicht in einem anderen, sondern in diesem Leben zu suchen; die christliche Religion hindere den Menschen, etwas zu lernen; die Seele des Menschen sei unscheidbar an den Leib gebunden; die Erschaffung aus dem Nichts sei unmöglich; dadurch daß einer Theologie treibe, wisse er noch um nichts mehr; es gebe keinen vollkommeneren Stand, als sich der Philosophie zu widmen – wenn man dies mit Bedacht unvoreingenommen zur Kenntnis nimmt, dann weiß man zum Schluß immer weniger zu sagen, was die amtliche Kirche hätte anderes tun können, als autoritativ zu erklären: all das widerstreite der christlichen Glaubenslehre.

*

Hier ist, scheint mir, eine kurze Anmerkung vonnöten über den Sinn und das Recht von kirchlichen »Verurteilungen« überhaupt – nachdem das moderne Bewußtsein schlichthin zu rebellieren pflegt, wenn ihm zugemutet wird, solche »hoffnungslos mittelalterlichen« Dinge anders als historisch zu nehmen. Der Sachverhalt ist allerdings einigermaßen kompliziert, jedenfalls nicht so einfach, wie diese Durchschnitts-Reaktion des modernen Intellektuellen vermutet. Ich beschränke mich darauf, einige Punkte zu bedenken zu geben: Wenn es – *erstens* – so etwas gibt wie »Offenbarung«, das heißt, ein dem Menschen vernehmliches Reden Gottes, in welchem etwas kundgetan wird, das auf andere Weise nicht erkennbar ist [*ob* es Offenbarung gibt, davon spreche ich jetzt nicht; doch ist klar, daß auf dieser Grund-Annahme das Christentum beruht; aber auch in der vor- und außerchristlichen Welt, etwa bei Platon, ist die Überzeugung lebendig, daß es »göttliche Rede«, *theios logos*, gibt]; wenn – *zweitens* – das in der göttlichen Rede Offenbarte nicht unmittelbar zugänglich ist für jedermann, wenn vielmehr dieser Jedermann darauf angewiesen ist, daß der göttliche Spruch durch die ersten Empfänger [die der »Inspiration« Teilhaftig-Gewordenen, die »Propheten«, die »Alten«] mitgeteilt und weitergegeben, »überliefert« werde von Geschlecht zu Geschlecht – dann gehört es einfach zur Natur der Sache, daß auch nicht jedermann den Sinn der Offenbarung, das in ihr wahrhaft Gemeinte, auszulegen vermag; dann muß [heißt das] notwendig eine autoritative Instanz irgendwelcher Art mitgedacht werden, die das Zu-Überliefernde nicht nur bewahrt und weitergibt, sondern auch verbindlich auslegt, eine Instanz, die zum Beispiel auch sagt, was mit der göttlichen Rede *nicht* gemeint und was mit ihr unvereinbar sei. Genau dies ist der Sinn solcher »Verurteilungen«! Sie sind wie die Theologie insgesamt, das ist gar nicht anders zu erwarten, eine von vornherein höchst konfliktreiche Angelegenheit – auch in dem Sinn, daß natürlicherweise die Interpretation des Geoffenbarten, die zudem viele verschiedene Verbindlichkeitsgrade haben kann, selber unter den Bedingungen der Geschichte steht. Dennoch, sofern und solange unter den Menschen die Überzeugung lebendig ist, daß Gott sich den von ihm dazu Auserwählten offenbart hat, solange werden die Menschen es für eine undiskutierbar notwendige Sache halten, daß diese Offenbarung vor jeder Verunreinigung und gegen jede Mißdeutung geschützt werden müsse. – Was nun freilich das abgetan »Mittelalterliche« daran betrifft, so würde in der Tat das Mittelalter eine formelle Dogmatisierung oder auch Verurteilung von Lehren, die, ohne jeden Zusammenhang mit göttlicher Offenbarung, auf rein menschlicher Autorität beruht, niemals akzeptieren. Wie jedermann weiß, ist hiermit ein Phänomen zur Sprache gebracht, das heute in der totalitären Welt völlig alltäglich ist; unaufhörlich werden ja mit absolutem Anspruch »Abweichungen« verurteilt – *ohne* daß die Berufung auf eine Wahrheitsnorm, die allein solchen Verbindlichkeitsanspruch legitimieren könnte, möglich ist oder auch nur für notwendig gehalten wird [15]. Männer wie Thomas von Aquin oder auch Bischof Tempier oder Robert Kilwardby würden hierin nicht allein, praktisch betrachtet, eine Verletzung der Würde der menschlichen Vernunft sehen, sondern vor allem, in theoretischer Hinsicht, eine Absurdität. Anderseits läßt sich die Tatsache nicht aus der Welt schaffen, daß es in dieser unserer Zeit nicht wenige säkularisierte Intellektuelle gibt, die sowohl die Entwürdigung wie die Absurdität akzeptieren. – Dies als Zwischenbemerkung zum Thema »Verurteilung von Sätzen«.

*

Etwas ganz anderes freilich als die Frage nach der Autorisierung ist die Frage, ob etwa durch den disziplinären Akt der Verurteilung von 1277 jene schon lange schwelende Unruhe würde geheilt und geschlichtet werden können, in die das Denken der westlichen Christenheit, höchst begründetermaßen, gestürzt worden ist durch die Begegnung mit dem überlegenen griechisch-arabischen Weltwissen und der sich darauf berufenden Wirklichkeitsdeutung. Wir neigen spontan zu der Antwort, daß auf solche Weise eher die echte Bereinigung und Austragung gerade verhindert werde. Und Thomas und Albert haben tatsächlich angesichts des Ansturms der griechisch-arabischen Weisheit gesagt: Laßt uns, was *wahr* daran ist, als eine Bereicherung in Empfang nehmen und es dem hinzufügen [und zuordnen!], was wir, als Wissende und als Glaubende, schon an Wahrheit besitzen; was aber *falsch* daran ist, das werden wir widerlegen. – Gut, aber was geschieht, wenn es niemanden gibt, der solche Widerlegung und solche Zuordnung zu leisten fähig oder gewillt ist? Es ist folglich nicht leicht zu sagen, was geschehen wäre, wenn in Paris und Oxford der radikale Schnitt von 1277 unterblieben wäre.
Was allerdings die akademische Auseinandersetzung und die Dynamik des wissenschaftlichen Lebens betrifft, so scheint die Auswirkung des Dekrets schlechthin verstörend gewesen zu sein. Für ein halbes Jahrhundert – so sagt van Steenberghen[16] – ist das Leben an der Universität Paris

durch dieses lastende Hindernis gelähmt worden; auch innerhalb der Grenzen der Rechtgläubigkeit ist das freie Spiel der Ideen unterbunden[17]. Natürlich bleibt die Auseinandersetzung etwa zwischen »Aristotelismus« und »Augustinismus« in Gang. Doch beginnt sie sich aus einem fruchtbaren Streitgespräch in einen sterilen Zwist zu verwandeln, dessen Partner mehr als an Wahrheitsfindung daran interessiert sind, recht zu behalten. Ein Streitgespräch ist nur möglich zwischen individuellen Geistern; es gehört zu seinen Spielregeln, daß jeder der Partner dem anderen in diesem oder jenem Punkt recht geben, das heißt, daß jeder das stärkere Argument annehmen wird, auch wenn es vom Gegner kommt. So etwas aber wird jetzt immer unwahrscheinlicher, weil die Fronten zu erstarren beginnen; sie gefrieren zu den organisierten Blökken der »Schulen«, die, neuerdings weithin identisch mit bestimmten religiösen Gemeinschaften, ihre eigene Disziplin üben. Robert Kilwardby zum Beispiel hat noch, als dieser einzelne Kopf, gegen den »Aristotelismus« seines Ordensgenossen Thomas von Aquin gefochten. Ein Jahr nach den Pariser und Oxforder Verurteilungen aber, nachdem das Generalkapitel der Predigerbrüder [Mailand 1278] die Lehre des Thomas von Aquin zur offiziellen Ordens-Doktrin erklärt hat, ist so etwas zu einem Verstoß gegen die Disziplin geworden.

Die Veränderung, die durch das Ereignis von 1277 zwar nicht hervorgebracht wird, aber wie eine

schon sich vorbereitende Kristallbildung plötzlich Gestalt gewinnt, ist nach der Meinung Gilsons [18] so tiefgreifend, daß geradezu vom Ende einer Epoche gesprochen werden müsse. Vor allem gehe nun die christliche Weltansicht, die natürlich immer theologisch und philosophisch zugleich ist, in die Defensive gegenüber dem »weltlichen« Wissen; an die Stelle freundschaftlichen Zusammenwirkens trete ängstlicher Verdacht.
Am Horizont zeichnet sich ab das Gegeneinander einer Theologie einerseits, die der *ratio* mißtraut, und jener Erkenntnishaltung anderseits, die Dilthey [19] als »Atheismus des wissenschaftlichen Denkens« bezeichnet hat.
Das »goldene Zeitalter der Scholastik«, »der Honigmond von Philosophie und Theologie ist zu Ende« [20].

XI

Der Verurteilung des Jahres 1277 kommt, so scheint es, eine noch weiter greifende Bedeutung zu. Sie aber wird erst sichtbar, wenn man den Zusammenhang bedenkt, der jenes Dekret nach rückwärts mit Boethius, Anselm, Abälard und nach vorwärts mit *Duns Scotus* verknüpft, von dem nun zu sprechen ist. Wie aus großer Höhe auf dem Erdboden geologische Formationen kenntlich werden, die der Nahsicht verborgen bleiben, so zeichnet sich, wenn man aus der historischen Distanz die achthundert Jahre zwischen der Geburt des Boethius und dem Tode des Thomas von Aquin als Einheit zu sehen versucht, eine vielgliedrige geistesgeschichtliche Figur ab, in welcher das Ereignis vom März 1277 so etwas wie ein Gelenk bildet.

*

Diese Figur läßt sich am ehesten nachzeichnen, wenn man bei dem anselmschen Gedanken der *rationes necessariae* ansetzt, der eine auch bei Boethius und Abälard wirksame Vorstellung am schärfsten ausspricht. Der anselmsche Gedanke[1] besagt, daß die argumentierende menschliche Vernunft imstande sei, die Heilsereignisse, von denen wir im Glauben Kenntnis haben, mit »zwingenden Gründen« einsichtig zu machen – was allerdings ausdrücklich *nicht* heißen soll, daß wir den Glaubenswahrheiten deswegen zustimmen, weil ihre Notwendigkeit unserer Vernunft einleuchtet; sondern daß wir auf Grund des Glaubens dahin gelangen, das Geglaubte zu verstehen. Dies hat sich uns als der Sinn der anselmschen Formel *credo ut intelligam* gezeigt. – Nun aber muß die logische Struktur solcher »zwingenden Begründung« noch etwas genauer ins Auge gefaßt werden.

Ein Satz aus Anselms Spätwerk *Cur Deus homo* lautet so: »Es ist also notwendig, daß sie [= die gefallenen Engel] aus der menschlichen Natur ersetzt werden, weil keine andere [Natur] da ist, aus der sie ersetzt werden könnten«[2]. – In diesem Satz sind folgende Glaubenswahrheiten vorausgesetzt: Es gibt reine Geistwesen, von denen einige sich gegen Gott entschieden haben; Gott hat den Menschen zu einer Gemeinschaft mit sich selbst berufen, die über das hinausgeht, was dem Menschen von Natur zukommt. Dies also ist das *credo,* das dem Satz zugrundeliegt. Das Rationale daran, das *intelligo,* läßt sich auf etwa folgende wesentlichen Elemente zurückführen: Es gibt eine vernunftgemäße und vollkommene Zahl [*rationabilis et perfectus numerus*[3]] der zur Anschauung Gottes berufenen Wesen; »jene Engel, die gefallen sind, waren geschaffen, damit sie in jener Zahl enthalten seien«[4]; die Zahl kann nur durch geistige Wesen »aufgefüllt« werden; die außer den Engeln einzigen geistigen Wesen sind die Menschen; also: »weil keine andere Natur da ist...« – und so fort. – Ich sagte schon, als Christenmensch dieser unserer Zeit nimmt man solche Argumente mit sehr gemischten Empfindungen zur Kenntnis, gemischt aus Verwunderung und äußerstem Unbehagen. Es scheint mir aber notwendig, dieses Gefühl für das ganz und gar nicht Geheuere der Sache hier eigens noch einmal hervorzurufen, damit unmittelbarer verständlich werde, was die Position des Duns Scotus bedeutet. – In diesem Augenblick interessiert uns jedoch nicht das Inhaltliche, sondern, wie gesagt, die logische Schlüssigkeit der formalen Gedankenverknüpfung, die ja bei Anselm viele Male wiederkehrt. Fragt man also: Unter welcher Voraussetzung [außer der im Glauben angenommenen Offenbarungswahrheit] kann die anselmsche Argumentation überhaupt Gültigkeit beanspruchen? – so ist zu antworten: unter der doppelten Voraussetzung, daß – erstens – alles, was Gott tut, vernünftig sein muß, und daß – zweitens – der Mensch, genauer gesagt, der gläubige Mensch, diese Vernünftigkeit seinerseits zu erkennen und nachzuprüfen vermag.

Von diesem Gedanken Anselms aber ist es kaum einen Schritt weit zu dem anderen Gedanken: daß Gott genötigt ist und nicht anders kann, als etwas Bestimmtes, nämlich das jeweils Vernünftigste zu tun, dessen Vernünftigkeit dann auch der Vernunft des [gläubigen] Menschen einsichtig werden kann; und daß also von dem Höchstmaß der Vernünftigkeit auf die tatsächliche Gültigkeit oder vielmehr auf die Realität eines Sachverhalts geschlossen werden darf; daß demnach, kurz gesagt, alles, was ist, so sein *muß*, wie es ist. Noch einmal: ich sage nicht, dies sei die Meinung Anselms, sondern, es sei von dem beim Wort genommenen anselmschen Prinzip der *rationes necessariae* nur ein Schritt bis zu diesem Gedanken.

Dieser Gedanke selbst aber liegt als gemeinsames Fundament einem großen Teil der in dem Verurteilungsdekret vom März 1277 zusammengefaßten Sätze erweislich zugrunde, auch wenn es nicht so deutlich zutage tritt wie bei den Siger von Brabant zugeschriebenen Thesen[5], die besagen: daß Gott mit Notwendigkeit alles das hervorbringt, was unmittelbar aus ihm hervorgeht [20]; daß die Erste Ursache unmittelbar nur eine einzige Wirkung verursachen kann [33]; daß Gott nicht etwas Neues hinzu erschaffen und auch nicht auf neue Weise etwas erschaffen kann [22] – wozu schließlich noch der genau zugeordnete Satz gehört: daß wir in diesem sterblichen Leben Gott in seiner Wesenheit zu erkennen vermögen [9]. – Gilson[6] hat von dem »griechischen Notwendigkeitsdenken« [*Greek necessitarianism*] gesprochen, das Avicenna und Averroes von Aristoteles her zugekommen sei; der Zusammenhang aber zwischen den an der Pariser Universität verfochtenen »averroistischen« Thesen und der »aristotelischen Gleichsetzung von Wirklichkeit, Einsichtigkeit und Notwendigkeit, nicht allein in den Dingen, sondern zuerst und vor allem in Gott« – der Zusammenhang all jener einzelnen Irrtümer mit diesem Grundgedanken des Aristoteles sei durch die Verurteilung von 1277 völlig deutlich an den Tag gebracht worden[7].

Solcherart »Notwendigkeitsdenken« bedarf, sofern es in eine sinnvolle Zuordnung zur christlichen Weltansicht soll gebracht werden können, offenbar eines doppelten Korrektivs. Das eine ist schon seit mehreren hundert Jahren in der westlichen Christenheit anwesend und wirksam, wenngleich gerade Anselm und natürlich erst recht der extreme Aristotelismus des Kreises um Siger von Brabant kaum davon berührt sind: die Idee der »negativen« Theologie, wie sie im Werke des Dionysius Areopagita formuliert ist. Das andere Korrektiv kann durch ein einziges Kennwort bezeichnet werden: *Freiheit*. Dies aber ist zugleich das Grundwort des Duns Scotus.

*

»Schottland hat mich geboren, England mich aufgenommen, Frankreich hat mich gelehrt, Köln hält mich fest« – diese Inschrift am Grabe des Johannes Duns Scotus in der Kölner Minoritenkirche gibt die Stationen des kurzen Lebens an, das zwischen 1266 und 1308 abläuft. Mit fünfzehn Jahren in den Franziskanerorden eingetreten, ein Jahrzehnt später in Northampton zum Priester geweiht, geht er als Siebenundzwanzigjähriger, nach einem kurzen Aufenthalt in Oxford, für mehrere Jahre zum Studium nach Paris. Darauf folgen Jahre des Lehrens, wahrscheinlich in Oxford. Ein zweiter Aufenthalt an der Pariser Universität wird für kurze Zeit unterbrochen durch einen Konflikt mit dem französischen König. 1307 wird er von Paris nach Köln gesandt, wo er kurz darauf mit zweiundvierzig Jahren stirbt. – Das umfangreiche philosophisch-theologische Werk, das er hinterläßt, darunter vor allem der gewöhnlich als »Oxforder Werk« [*Opus Oxoniense*] zitierte Sentenzenkommentar, scheint nicht in völlig authentischem Wortlaut, wenngleich in durchweg zutreffender Wiedergabe der Gedanken auf uns gekommen zu sein, so daß einige Forscher[8] behaupten, eine endgültig sichere Darstellung des wirklichen Duns Scotus sei noch nicht möglich. Dies mag auch die beträchtlichen Unterschiede in der Deutung[9] verständlich machen, die seiner Lehre und seiner Gestalt zuteil geworden ist.

*

Das Grundwort »Freiheit«, von dem ich sagte, daß es Duns Scotus kennzeichne, meint vor allem die Freiheit *Gottes.* Man könnte dies für eine zunächst rein theologische These halten, aber nur bis zu dem Augenblick, da man die Konsequenz wahrnimmt, die Duns Scotus sogleich ausspricht: Weil Gott absolut frei ist, darum hat alles, was er tut und wirkt, den Charakter des von Grund auf Nicht-Notwendigen, des in bestimmtem Sinn »Zufälligen« [Kontingenten]. Dies gilt sowohl für Gottes erschaffendes Wirken und also für die Schöpfung selbst wie auch für die Ereignisse der Heilsgeschichte. Es ist völlig deutlich, in welche Richtung das zielt. Mit einem Wort: es gibt keine »zwingenden Gründe« für das Wirken Gottes. Erst recht ist die menschliche Vernunft außerstande, irgend etwas von dem, was aus freier göttlicher Tat hervorgegangen ist, durch Deduktionen und Argumente zu erreichen und als »in sich selbst« sinnvoll oder gar notwendig einsichtig zu machen. So weit die absolute Freiheit Gottes reicht, gibt es keine Möglichkeit philosophischer Spekulation. Ein Werk der göttlichen Freiheit aber ist die ganze Schöpfung ebenso wie die Erlösung und Begnadung des Menschen; all dies also »muß« nicht im mindesten »so« oder »anders« oder auch »überhaupt« sein. Es ist sinnlos, nach den »Gründen« forschen zu wollen, warum Gott überhaupt etwas geschaffen hat und warum dies und nicht stattdessen etwas anderes. Duns Scotus[10] nennt es eine Philosophen-Meinung, anzunehmen, daß die Erste Ursache mit Notwendigkeit verursache; während der christliche Glaube sage, daß es zur göttlichen Natur gehöre, frei zu wirken.

Es wird seit langem darüber gestritten, ob und in welchem Sinn Duns Scotus »Voluntarist« sei – welche Frage natürlich nur entschieden werden kann, wenn klar ist, in welcher Bedeutung diese Kennzeichnung verstanden werden soll. – Wer die These von der absoluten Freiheit des nach »außen« gerichteten göttlichen Wirkens bereits »voluntaristisch« nennt, muß die gesamte christliche Gotteslehre so nennen. – »Voluntarismus« im strikteren Sinn besagt zweierlei, eine Meinung und eine Haltung. Als Meinung bedeutet er, daß der letzte Grund der Wirklichkeit als ein schlechthin grundloses Wollen gesehen wird, für das »Willkür« fast eine zu milde Bezeichnung ist, weil in ihr noch eine ausdrückliche, wenngleich negative Beziehung zu »Gründen« mitausgesagt ist. Den »Voluntarismus« als Haltung könnte man mit dem Wort umschreiben: »Lust an der blinden Dynamik«. – In solchem Sinn aber ist Duns Scotus zweifellos *nicht* »Voluntarist«. Dennoch ist es, scheint mir, nicht ganz und gar zufällig, daß ihm diese Kennzeichnung immer wieder einmal zuteil wird.

Man braucht, um das zu sehen, nur den Begriff der »radikalen Spontaneität« zu Ende zu denken, die Duns Scotus allem Wollen, dem göttlichen wie dem menschlichen, zuspricht[11]. »Spontan« ist eine Regung, die nicht von anderswoher, sondern einzig aus sich selbst in Gang kommt. Und zweifellos hat es einen guten Sinn, dies von der Willensregung zu behaupten; es gehört offenbar zur Natur der Sache, daß ich nicht von außen her dazu gebracht werden kann, zu wollen. Freilich, was heißt »von außen her«? Ist schon der Beweggrund, das Motiv, die Einsicht, die mich zum Wollen bewegen – ist vielleicht dies alles schon eine Einschränkung der

Spontaneität und Freiheit des Wollens? Duns Scotus scheint das in der Tat zu behaupten, wenn er sagt, das Wollen des Willens werde durch nichts anderes als durch den Willen selbst bestimmt[12]. In diesem Sinne »frei« zu sein, ist nach seiner Meinung für den Willen wesentlicher, als daß er »etwas« will, anstrebt, begehrt[13]. Wenn also »Freiheit« und »Spontaneität« des Wollens auf solche Weise mit seiner »Grundlosigkeit« identisch gesetzt werden [und »Grund« heißt nicht zufällig *raison, reason, ratio*] – kommt dann nicht ebenso doch, so ist an diesem Punkt zu fragen, jener »Voluntarismus« der blinden, rein faktischen Energie-Entladung zum mindesten als Denkmöglichkeit in Sicht? – Doch mag dies nun auf sich beruhen.

Wichtiger scheint mir die Frage, was aus der Verknüpfung von Glaube und Vernunft wird, sobald man sie unter diesem, von Duns Scotus zum ersten Mal mit solcher Entschiedenheit formulierten Aspekt betrachtet. Wenn alles, was unserer natürlichen Erkenntnis begegnet, dadurch charakterisiert ist, gerade *nicht* in sich selbst sinnvoll und notwendig zu sein; und wenn erst recht, was uns im Glauben kundgetan wird über das erlösende und begnadende Wirken Gottes, auf keine Weise für die Vernunft einsichtig gemacht werden kann – *weil* dies alles keinen anderen Grund hat als die grundlose, absolute Freiheit Gottes selbst: was für einen Sinn kann es dann noch haben, die argumentierende Vernunft überhaupt in eine Zuordnung zum Glauben zu bringen? Wie kann sie ihm je begegnen, wenn es ihr gar nicht möglich sein soll, sich auf den Weg zu machen? Was für eine Bedeutung könnte selbst der bloße Begriff »Verknüpfung« noch haben? Erscheint nicht auf jeden Fall der Spielraum der argumentierenden Vernunft insgesamt, vor allem aber in ihrem Verhältnis zu den Wahrheiten des Glaubens, aufs äußerste reduziert und zusammengeschrumpft? – Sehen wir also näher zu.

Als »Test-Fall« mag die seit Augustinus viele Male erörterte Frage dienen, ob Gott auch dann Mensch geworden wäre, wenn die Menschen nicht gesündigt hätten. Es ist sogleich klar, welche verführerischen Möglichkeiten der metaphysischen Spekulation sich hier für die in universalen Zusammenhängen denkende Vernunft auftun. Ich führe nur den in der Scholastik oft erörterten Gedanken an: »Vollendung kann es nicht geben, es sei denn das Letzte verbinde sich dem Ersten ... Da nun Gott selbst der Erste ist, der Mensch aber das letzte unter den erschaffenen Wesen, würde es zur Vollendung des Universums besser stimmen, daß Gott, auch wenn der Mensch nicht gesündigt hätte, Mensch geworden wäre«[14]. Oder man könnte sagen: es sei doch ungereimt anzunehmen, daß der Mensch durch seine Sünde einen Vorteil haben solle[15], oder daß die menschliche Natur erst durch sie solle fähig geworden sein, mit der göttlichen Natur zu einer Einheit verbunden zu werden[16] – und so fort. Niemand, der dem von Duns Scotus formulierten

Grundsatz von der absoluten göttlichen Freiheit zustimmt, kann, das ist klar, solche Antworten geben oder auch nur gutheißen. Vielmehr wird seine Antwort so lauten müssen: »Die Wahrheit in dieser Frage vermag einzig Jener zu wissen, welcher geboren und ›geopfert worden ist, weil er es *gewollt* hat‹ [Is. 53, 7]. Die Dinge nämlich, die allein vom göttlichen Willen abhängen, sind uns unbekannt, es sei denn, sie würden uns bekannt gemacht durch die Autorität der Heiligen, denen Gott seinen Willen offenbart hat«. »Es gibt kein Vernunftargument für das, was des Glaubens ist«; *ad ea, quae fidei sunt, ratio demonstrativa haberi non potest.*

Das ist eine herzhafte und klare Antwort, der auch wir unmittelbar recht geben können, zumal in ihr der Gedanke von der unbegreiflichen göttlichen Freiheit sich verknüpft mit dem entschieden ausgesprochenen Prinzip einer primär *biblischen* Theologie.

Nun aber habe ich zu bekennen, daß diese Antwort zwar sehr wohl bei Duns Scotus stehen könnte, daß sie aber in Wirklichkeit nicht von ihm stammt, sondern von – Thomas von Aquin[17]. – Dieses Täuschungsmanöver kann zwei Gründe zu seiner Rechtfertigung anführen.

Erstens liegt mir daran, zu zeigen, daß Thomas und Duns Scotus in dieser ganz fundamentalen Sache durchaus der gleichen Meinung sind und daß es also einigermaßen irreführend ist, zu sagen, Duns

Scotus habe durch seine Philosophie, die »darum kritischer« sei, »weil seine Theologie biblischer ist«, den »Vernunftoptimismus eines heiligen Thomas« korrigiert[18].

Zweitens und vor allem scheint es mir aber wichtig, deutlich zu machen, daß ein so überlegener Kopf wie Thomas von Aquin offenbar keine Schwierigkeit darin sieht, das von Duns Scotus formulierte Prinzip ausdrücklich anzuerkennen und dennoch nicht zu verzichten auf die Verknüpfung des Geglaubten mit dem Gewußten. Denn dies bleibt bestehen: Thomas und Duns Scotus haben gerade über die wechselseitige Zuordnung von *fides* und *ratio* radikal verschiedene Ansichten – obwohl beide darin übereinstimmen, daß die menschliche Vernunft niemals an das Geheimnis der göttlichen Freiheit zu rühren vermag, in welchem sowohl die Schöpfung ihren Grund und Ursprung hat wie auch alles, was der Glaube Erlösung und Begnadung nennt. Es ist also zu fragen, wie die gegenüber Thomas erheblich negativere Einschätzung der Möglichkeiten jener Verknüpfung bei Duns Scotus näherhin zu verstehen sein könnte.

Vorweg ist zu sagen, daß Duns Scotus seine geistige Bildung zu einer Zeit erfährt, da der Rationalismus die *ratio* bereits heillos in Verruf gebracht hat und »der Honigmond von Philosophie und Theologie« jäh zu Ende gegangen ist. Gilson sagt, selbst ohne die Kenntnis der historischen Daten könne man es »erraten, daß die Lehre des Duns

Scotus *nach* der Verurteilung von 1277 konzipiert wurde«[19]; das »Karthago« aber, das zu zerstören er im Sinn habe, sei das »griechische Notwendigkeitsdenken«[20].

Es ist aber nicht allein die Atmosphäre der unmittelbar nach dem Ereignis von 1277, »tags darauf«[21], generell in Führung gehenden Franziskanerschule, es ist vielmehr auch der mathematisch-naturwissenschaftliche Geist der Universität Oxford, wodurch Duns Scotus geprägt ist. Man pflegt in Oxford höhere Anforderungen zu stellen an die formalen Qualitäten eines Arguments, das etwas beweisen soll. Und es scheint, daß Duns Scotus selbst diese Anforderungen noch beträchtlich verschärft und präzisiert. Das macht auch die vorwiegend kritisch-polemische Haltung verständlich, in welcher er seine Auseinandersetzungen mit anderen, in diesem Punkt weniger gestrengen Scholastikern führt. Und es mag auch die bis an die Grenze der Verständlichkeit vorgetriebene Genauigkeit seiner eigenen Ausdrucksweise erklären; der Beiname *Doctor subtilis* ist auch hierauf gemünzt. – Bei Duns Scotus ist, so scheint es, zum ersten Mal jenes paradoxe Zwiegespann anzutreffen, das dann für die kommende Zeit so etwas wie ein Modell geworden ist; ich meine: daß sich die Forderung nach einer fast menschenunmöglichen, absolut zwingenden Evidenz verbindet mit einer fast dem Verzicht gleichkommenden Resignation in bezug auf die Erkenntnis von »Gründen«.

All dies ist fast schon für sich allein ausreichend, um die Möglichkeiten der argumentierenden Vernunft erheblich zu reduzieren. – Thomas würde seinerseits zwar gleichfalls eine Präzisierung des Beweisverfahrens für eine ausgezeichnete Sache halten; aber er würde zu bedenken geben, daß absolute Gewißheit nur dem absoluten Geist möglich ist, und daß es ferner zwischen der höchstmöglichen Evidenz und der schlechthinnigen Unmöglichkeit von Erkenntnis vielerlei Zwischenstufen gibt. So findet sich im unmittelbaren Gefolge des eben zitierten Satzes, wonach es in Dingen des Glaubens keinen Vernunftbeweis geben könne, der andere Satz, der besagt, es sei dennoch möglich, nicht nur zu beweisen, daß die Inkarnation [zum Beispiel] keine absurde, in sich widerspruchsvolle Vorstellung, sondern auch, daß sie in sich selber sinnvoll [*congruens*] sei[22]. Und offenkundig handelt es sich hier um nicht geringe Möglichkeiten der natürlichen Vernunft in ihrem Verhältnis zum Glauben.

Doch schränkt Duns Scotus diese Möglichkeiten der Vernunft auch in ihrem eigensten Bereich ein – nicht natürlich auf Grund eines eigentlichen Agnostizismus und auch nicht nur kraft der Verschärfung der formalen Anforderungen an den Beweis, sondern wiederum von seinem *theologischen* Prinzip her. Was hier in Wahrheit geschieht, ist begrifflich schwer zu fassen. Man könnte versuchsweise sagen, er überspringe die natürliche Schöpfungswirklichkeit selbst und nehme *dadurch* ihrer Erkenntnis die Sicherheit. – Wenn Duns Scotus zum Beispiel sagt, die Unsterblichkeit der Seele könne nicht sicher durch Vernunftargumente erwiesen werden, so sind natürlich zunächst seine Ansprüche an den Beweis im Spiel, die eigentlich nur in der Mathematik erfüllbar sind; und die Kritik, die er in dieser Hinsicht an den bekannten philosophischen Argumenten übt, ist in der Tat äußerst scharfsinnig. Doch besagt ja seine eigene These nicht nur, daß die Unsterblichkeit der Seele bisher faktisch noch nicht hinlänglich bewiesen, sondern daß sie prinzipiell unbeweisbar sei – weil die Seele selbst als etwas Nicht-Notwendiges aus der Freiheit Gottes hervorgegangen sei und also auch durch Gott wiederum ins Nichts zurückgeführt werden könne[23]. Womit der Kreis sich schließt – in dem Grundwort des Duns Scotus: Freiheit.

Dem rückschauenden Blick zeigt sich das Seltsame, daß der theologische Ansatz des Duns Scotus die Verknüpfung des Geglaubten mit dem Gewußten offenbar genau ebenso schwer macht wie der säkularistische Philosophiebegriff des Siger von Brabant. Die »doppelte Wahrheit« tritt, als eine von *beiden* Seiten her drohende Gefahr, auf den Plan. Hierdurch aber rücken die beiden, Siger von Brabant wie Duns Scotus, an die Grenze des Zeitalters, dem Boethius, Anselm, Abälard, Thomas von Aquin, obwohl untereinander äußerst verschieden, unanzweifelbar dennoch gemeinsam zugehörig sind.

*

Der Schritt aus dem Mittelalter hinaus wird erst in der nächsten Generation getan: durch *Wilhelm von Ockham*. Von seiner dramatischen Biographie ist schon kurz die Rede gewesen. In der Nähe von London um 1298 geboren, lehrt dieser genialische Franziskaner bereits mit gut zwanzig Jahren in Oxford. Aber noch bevor er den Magister-Grad erlangt, wird er 1324, wegen unkirchlicher Lehren angeklagt, vor den päpstlichen Stuhl nach Avignon zitiert. Obwohl also erst wenig über fünfundzwanzig Jahre alt, verläßt er hiermit bereits endgültig seine Laufbahn als Lehrer. Auch sein gesamtes auf uns gekommenes philosophisch-theologisches Werk [darunter eine systematische Logik, eine Erläuterung zur aristotelischen Physik und ein unvollendeter Sentenzenkommentar] ist vor dieser Zeit geschrieben. Aus Avignon flieht er, zusammen mit dem später aus dem Franziskanerorden ausgestoßenen Ordensgeneral Michael von Cesena, an den Hof des deutschen Kaisers Ludwig des Bayern und greift sogleich als leidenschaftlicher kirchenpolitischer Schriftsteller in den Streit zwischen Kaiser und Papst ein – als Kampfgefährte eines anderen Flüchtlings, den er in München bereits vorfindet, Marsilius von Padua, dessen antipäpstliche Denkschrift *Defensor Pacis* den Rückzug der Kirche aus der Welt verlangt. Nach dem Tode des Kaisers [1347] scheint Wilhelm von Ockham sich mit der Kirche ausgesöhnt zu haben. Zwei Jahre später rafft ihn, in München, die Pest dahin.

Obwohl Duns Scotus ein zu universaler Geist ist, als daß man ihn zum »Vorläufer« des Wilhelm von Ockham machen könnte; und obwohl sich dieser junge Revolutionär ausdrücklich gegen Duns Scotus wendet, der für ihn bereits »zu den Alten gehört«[24] [weil er »zu viel zu beweisen versucht«[25]] – dennoch schreitet Wilhelm von Ockham auf dem gleichen Wege voran, auf den Duns Scotus zuerst den Fuß gesetzt hat. Auch Wilhelm von Ockhams Lehre kann als eine, immer noch weiter getriebene Reaktion gegen den »Averroismus« der 1277 verurteilten Thesen gelten[26]. Vor allem besteht auch er auf dem Prinzip der absoluten göttlichen Freiheit, die primär als unumschränkte Freiheit der Machtausübung verstanden ist. »Wie Gott jede Kreatur erschafft bloß, weil er es so will, so kann er auch mit der Kreatur machen, was ihm gefällt«; er könnte einen völlig nach Gottes Willen lebenden Menschen »ohne irgendwelche Ungerechtigkeit vernichten« [*annihilare*][27]. Das Exzessive dieses Denkens tritt besonders darin zutage, daß Wilhelm von Ockham die nichtrealisierten Möglichkeiten der Heilsgeschichte brutal ins Wort bringt. Die Menschwerdung Gottes zum Beispiel sei so wenig »in sich selbst« sinnvoll und notwendig, daß Gott, falls er nur gewollt hätte, ebensogut auch die Natur eines Steines, eines Baumes oder eines Esels hätte annehmen können[28]. – Obwohl diese Formulierung das menschliche Unvermögen, etwas zu wissen, aufs äußerste zu betonen scheint, ist sie dennoch im Grun-

de viel anspruchsvoller und »verfügender« als etwa die Auskunft des Thomas von Aquin, der weder von Stein noch von Esel spricht noch überhaupt von dem, was hätte sein können, der vielmehr, die Glaubenswahrheit der *Mensch*werdung bedenkend, einfachhin sagt, daß wir *gar nichts* wüßten, wenn es nicht offenbart wäre; und selbst wenn Thomas nun versucht, die Tatsache der Menschwerdung als etwas in sich selbst Sinnvolles und »Kongruentes« verständlich zu machen, so ist hierin mehr an schweigendem Respekt vor dem Mysterium als in der wortreichen Ausrufung der »Andersheit« Gottes durch Wilhelm von Ockham. Das gleiche ließe sich sagen von der in Zucht genommenen Diskretion, mit der Thomas von der auch für ihn selbstverständlichen Möglichkeit spricht, daß, *si Deo placeret*[29], alle Dinge ins Nichts zurücksinken könnten; aber das Faktum der Erschaffung selbst ist ihm der Ausdruck des freien göttlichen Willens[30], wofür er zugleich die Heilige Schrift anführt: » ›Gott hat alle Dinge geschaffen, damit sie seien‹ [Weish. 1, 14], nicht damit sie ins Nichts zurücksinken«[31].
Im höchsten Maße folgenreich aber ist die Schlußfolgerung, die Wilhelm von Ockham, wiederum ins Extrem gehend, aus dem Prinzip der Willkürfreiheit Gottes herleitet. Man kann diese Schlußfolgerung zusammenfassend so formulieren: Der Mensch kann nichts anderes tun, als sich an das rein Faktische zu halten, das auf keine Weise so sein muß, wie es ist; nach Sinn und Zusammenhang

zu forschen, ist vergeblich; »wirklich« ist nicht der Zusammenhang, der höchstens in unserem Denken existieren mag; »wirklich« sind allein die Einzeltatsachen; dies Faktisch-Tatsächliche aber läßt sich nicht errechnen noch erschließen noch ableiten, sondern allein *erfahren;* Erkenntnis gibt es nur als unmittelbare Begegnung mit dem Konkreten.

*

Es versteht sich von selbst, welche Konsequenz diese Gedanken für die Weise des Philosophierens haben müssen. Immerhin ist bedenkenswert, daß es also eine theologische Wurzel ist, woraus der Empirismus erwächst. Und auch die Gestalt der Theologie, die auf solchem Boden allein gedeihen wird, bedarf kaum der näheren Kennzeichnung; es kann nur eine rein »positive« Theologie sein, die das Zusammenwirken mit der argumentierenden Vernunft als untheologisch zurückweist.
Offenbar aber ist diese heftige Reaktion auf den Stil des philosophisch-theologischen Denkens der vorausliegenden Epoche etwas Unvermeidliches. Nicht nur kann, nach der ungeheueren gedanklichen Anstrengung des Jahrhunderts der »Summen«, eine Ermüdung der ordnenden Energie und wohl auch ein Überdruß an der architektonischen Bemühung der Spekulation geradezu erwartet werden. Ein Menschenalter nach Wilhelm von Ockham wird der Verfasser eines Sentenzenkommen-

tars, Petrus von Candia [ein Grieche aus Kreta, Magister der Universität Paris, später Erzbischof von Mailand und schließlich Papst: Alexander V.], sich nichts daraus machen, miteinander völlig unvereinbare Thesen in robuster Unbekümmertheit um irgendwelche gedankliche Zuordnung einfach nebeneinander stehen zu lassen, mit der Erklärung, dies geschehe »denen zu Gefallen, die es lieben, manchmal Brot zu essen und manchmal Käse«[32]. – Vor allem anderen ist es der faszinierende Reichtum der unabsehbar zugänglich werdenden natürlichen Welt, der die empirische Zuwendung zum Konkreten erzwingt. – Und wer will leugnen, daß auch die scholastische Theologie für eine Zeitlang durchaus der »Abgeschiedenheit« bedürftig sei, um sich in ihrer eigensten Zelle unabgelenkt auf die »göttliche Rede« zu besinnen, die zu deuten ihre wahre und alleinige Aufgabe ist.

Das schließt aber nicht aus, daß in dieser durch den Namen Wilhelm von Ockham repräsentierten Zeitspanne äußerst gefährliche Dinge in Gang kommen, und daß manches künftige Unheil sich vorbereitet. Hierüber freilich wird es im einzelnen stets verschiedene Meinungen geben.

Eines aber ist unbestreitbar und auch unbestritten: Wie im Politischen die Gestalt der Christenheit, hervorgebildet seit dem Ausgang der Antike und gegründet auf die wechselseitige Zuordnung von geistlicher und weltlicher Gewalt, zu zerbrechen beginnt, so geschieht im Geistigen, sich ankündigend bereits seit dem gleichen Augenblick, da die Epoche ihre Scheitelhöhe erreicht, die fortschreitende Entzweiung des Geglaubten und des Gewußten; es geschieht unaufhaltsam, von beiden Seiten durch Gründe gerechtfertigt, die Scheidung von *fides* und *ratio*, auf deren Verknüpfung die Energie fast eines Jahrtausends gerichtet gewesen ist; es geschieht, mit einem Wort, das Ende des Mittelalters.

Heute sagen wir, nicht nur die Epoche »zwischen« Antike und Neuzeit, sondern auch die Neuzeit selber sei zu Ende. Wer aber letzten Grundes daran interessiert ist, zu erfahren, nicht »wie es eigentlich gewesen« ist, sondern wie es sich hier und heute mit dem seit je und noch immer Bedenkenswerten verhält, der Philosophierende also, der über das Intervall eines ganzen Zeitalters hinweg das Mittelalter und seine Philosophie ins Auge faßt, fragt sich, wie es mit der *Gegenwärtigkeit* des Vergangenen bestellt sei.
Diese Frage will nicht so verstanden werden, daß Ausschau zu halten sei nach dem »Fortleben« mittelalterlicher Begriffe und Vorstellungen im Denken der Gegenwart. Daß so etwas auf tausenderlei Weise unaufhörlich und oft genug völlig unbemerkt sich zuträgt und daß, so betrachtet, das Vergangene aller Epochen und Weltgegenden und also auch des Mittelalters auf irgendeine Weise jederzeit anwesend ist und weiterwirkt – dies gehört einfachhin zu den Grundvorgängen der Menschengeschichte überhaupt. Wir hören etwa »Wär nicht das Auge sonnenhaft / Wie könnten wir das Licht erblicken...«, und wir sagen: Goethe. Goethe selber aber sagt: »ein alter Mystiker«; und wir erfahren dann, daß diese völlig goetheschen Verse einen Gedanken Plotins[1] »in deutschen Reimen« auszudrücken suchen[2]. Solches Fortwirken des Vergangenen setzt

sich sogar durch, wenn das Vergangene ausdrücklich abgelehnt wird; Sartres Drama von der »Geschlossenen Gesellschaft« [Huis clos] zum Beispiel ist ohne die »mittelalterliche« Vorstellung von der Hölle gar nicht zu denken. – Nicht auf etwas dieser Art zielt also die Frage nach der etwaigen Gegenwärtigkeit des Mittelalters.

Ich meine auch nicht die Gegenstände der mittelalterlichen Philosophie, mit denen, nicht gerade verwunderlicherweise, die Philosophie aller Zeitalter sich mehr oder weniger ausdrücklich befaßt. Vielmehr handelt es sich um jene Strukturmerkmale des mittelalterlichen Philosophierens, die sich uns als »spezifisch mittelalterlich« gezeigt haben und von denen man also auf Anhieb vermuten möchte, sie seien mit der Epoche selbst dahingefallen und abgetan. Und die Frage lautet gerade, ob eben diesem anscheinend ganz und gar »Mittelalterlichen« vielleicht eine besondere, den heute Philosophierenden unmittelbar angehende Aktualität zukomme.

Das Bild des mittelalterlichen Philosophierens aber baut sich, so haben wir gesehen, aus folgenden Elementen auf: Die geschichtlich jungen Völker des europäischen Nordens und Westens unternehmen es, sich den Überlieferungsbestand der heidnischen und christlichen Antike, methodisch lernend, anzueignen und einzuverleiben. Der Hegungsraum, in welchem das auf dieses Erbe gegründete intellektuelle Leben der Epoche sich vollzieht, ist der Raum der Kirche [Kloster, Kathedralschule, päpstlich privilegierte Universität]. Das Philosophieren, fast ausschließlich von Mönchen und Klerikern getragen, kommt zudem von theologischen Fragestellungen und Zielsetzungen her in Gang und ist, in diesem sehr besonderen Sinn, »christliche Philosophie«. – Ist es nicht aufs äußerste unwahrscheinlich, daß in irgendeinem dieser Elemente sich eine »Aktualität des Mittelalters« verbergen sollte?

*

Beginnen wir also mit dem Unwahrscheinlichsten. – Offenbar ist die Situation einer bloß lernenden Aneignung des Überlieferten vergangen und versunken. Eben daran geht ja das Mittelalter zugrunde, daß der Habitus des bloßen Lernens von autoritativ Überkommenem gewaltsam durchgehalten werden soll zu einer Zeit, da längst die neuen Funde eigener Welterfahrung sachlich wichtiger sind[3]. Das ist ohne Abstrich richtig.

Dennoch ist hier ein Wort zu sagen zum Beispiel über das an den Bildungsstätten Amerikas seit Jahren unternommene Experiment der »Großen Bücher« – womit die Bücher gemeint sind, die das »Erbe« repräsentieren: von Homer über Platon, Aristoteles, Vergil, Plotin, Augustinus, Thomas, Dante zu Shakespeare, Kant, Hegel, Goethe, Darwin, Dostojewskij und Sigmund Freud. Dieser mit dem Ernst großartiger Unbefangenheit durchgeführte Versuch[4], über den im einzelnen mit Recht gestritten werden mag, ist aus der Sorge und der unbeirrten Einsicht geboren, daß dem jungen Kontinent der eigene ererbte Reichtum nur verfügbar bleiben oder auch erst verfügbar werden kann, wenn er auf solche Weise lehrbar und lernbar gemacht wird. Das aber ist ziemlich genau die gleiche Einsicht in die gleiche Notwendigkeit, aus welcher auch das schulische Unternehmen der mittelalterlichen Scholastik entstanden ist. Und nicht nur die Probleme, sondern auch das »Problematische« sind weithin identisch – von der Unumgänglichkeit und zugleich Fragwürdigkeit der Übersetzung [im weitesten Sinn] wie der Auswahl und also des Weglassens bis zu der schwierigen Unterscheidung zwischen legitimer und unerlaubter Vereinfachung. Gleichartig scheint auch die vielleicht allzu unbeschwerte Entschlossenheit, das Fragwürdige um der schlichten Lebensnotwendigkeit willen zunächst einmal in Kauf zu nehmen. Man könnte nun freilich sagen, das sei zwar nicht uninteressant, aber doch kaum mehr als eine im Grunde zufällige Parallele. Ich glaube aber, es ist mehr. Wenn man nämlich aus der Erfahrung mit amerikanischen Studenten, die auf solche Weise, wenngleich »fachlich« mit anderen Studien befaßt, sowohl die Nikomachische Ethik wie die Meditationen Marc Aurels wie auch große Teile der *Summa theologica* des heiligen Thomas und Pascals *Pensées* zwar in Übersetzungen, aber doch einigermaßen aus der Nähe kennengelernt haben – wenn man dann, sage ich, an unsere europäischen Universitäten zurückkehrt, so ist es einem kaum noch fraglich, daß auch hierzulande solche »Scholastik« eine der ganz wenigen Möglichkeiten wäre, inmitten der Überflutung durch ein beileibe nicht mutwillig aufgehäuftes, aber von niemandem mehr beherrschbares gelehrtes Material das »Erbe«, wie auch immer es dann des näheren umschrieben werden mag, schlichthin den »Weisheitsfundus«, von dem der Mensch geistig lebt, überhaupt kenntlich und präsent zu halten.

Und noch eine weitere Frage ist hier zu stellen: ob nämlich nicht der uns gleichfalls zunächst als »Eroberern« zugänglich gewordene Überlieferungsbestand der nicht-welteuropäischen, vor allem der fern-östlichen Kulturen, dieser ungeheuere Reichtum an Wissen vom Menschen und an philosophischer Wirklichkeitsdeutung, wiederum nur auf solche »scholastische« Weise – wenn überhaupt – einbewältigt werden kann. Wenn diese Aufgabe bisher, über den Bereich der Fachgelehrsamkeit hinaus, kaum in Angriff genommen scheint, so hat das sicher viele Gründe. Könnte aber nicht einer von ihnen der sein, daß wir es verlernt haben, zu »lernen«? [Möglicherweise freilich ist, damit solche Aneignung in Gang komme, noch etwas anderes vorausgesetzt: die Einsicht, daß hier überhaupt eine, jenseits der historischen Kenntnisnahme, lohnende und verpflichtende Aufgabe liegt – eine Einsicht, die vielleicht nur dem zuteil werden kann, der die Wahrheit in der Welt, wo immer sie sich findet, als

Teilhabe an dem Einen göttlichen Logos selber zu sehen vermag.]

*

Was nun das zweite Strukturelement der mittelalterlichen Scholastik, ihre Eingefügtheit in den Raum der Kirche, betrifft, so scheint sie, und sie erst recht, offenkundig vergangen und abgetan. Und tatsächlich ist es ein symbolischer Vorgang, daß Wilhelm von Ockham, der aus dem Minoritenkloster an den deutschen Kaiserhof flieht, damit den gleichen Weg geht, den Cassiodor, am Anfang der Epoche, in umgekehrter Richtung zurücklegt, als er sein politisches Amt am gotischen Königshof verläßt und »ins Kloster geht«. Seit Wilhelm von Ockham also beginnt die Philosophie sich wieder in dem größeren Atemraum der »Welt« anzusiedeln. Und heute können wir uns einen anderen Zustand kaum noch vorstellen. – Aber: so unbestreitbar dies ist, man gerät dennoch in einige Verlegenheit, wenn man inmitten der modernen Arbeitswelt – beunruhigt durch die zunehmende Politisierung des akademischen Bereichs und durch die bedrohliche Schrumpfung der inneren wie äußeren Möglichkeiten des öffentlichen Gesprächs, vor allem des echten Streitgesprächs – Ausschau hält nach dem »freien Raum«, in welchem die *theoria*, das heißt, die durch keine praktische [politische, wirtschaftliche, technische, konfessionelle] Dienstbarkeit eingeengte Befassung mit »Wahrheit und nichts sonst« allein zu gedeihen vermag. Und es kommt einem das bedenkenswerte Faktum in den Sinn, daß die Akademie Platons ein *thiasos* gewesen ist, ein zu regelmäßiger Opferfeier zusammentretender Kultverband. In jedem Fall aber muß die Frage, welche die mittelalterliche Philosophie beantwortet mit ihrem Eintritt in das Geviert des Klosters, worin dann allerdings Raum sein wird nicht nur für die Bibel und die Kirchenväter, sondern auch für Platon, Aristoteles, Cicero, Seneca und die großen Araber – diese Frage muß offenbar zu jeder Zeit neu beantwortet werden. Und ich nehme es als ein Zeichen für die beträchtliche Schwierigkeit einer völlig modernen und zugleich sachlich zureichenden Antwort, daß ein Mann wie T. S. Eliot[5] geradewegs davon spricht, daß ein Erstarken des mönchischen Lebens [*monastic life*] heute wünschenswert sei, damit im Hegungsraum des Klosters, »unberührt von der Flut der Barbarei draußen«, den Weltleuten eine philosophische Bildung zuteil werde, die »etwas mehr ist als die Vorbereitung für einen Posten im Staatsdienst oder ein Mittel zur Erlangung technischen Könnens und gesellschaftlichen Erfolgs«. Mir scheint dies ein durchaus utopischer Vorschlag zu sein, worüber sein Urheber sich vermutlich gleichfalls nicht täuscht. Immerhin gibt er zu verstehen, daß die mittelalterliche Lösung weniger »mittelalterlich« ist, als es dem ersten Blick scheinen mag.

*

Nun aber bleibt noch das zuletzt genannte, nicht mehr rein formale Strukturelement zu erörtern: daß nämlich die mittelalterliche Philosophie eine nicht nur von Mönchen und Klerikern betriebene, sondern auch von der Theologie her thematisch bestimmte »christliche Philosophie« sei. Damit kommt etwas einigermaßen Schwieriges, aber auch das Entscheidende zur Sprache. – Im Grunde handelt es sich um zwei verschiedene Dinge: um die Struktur christlicher Philosophie überhaupt, und um den Vorrang der theologischen Fragestellung innerhalb dieser Struktur. Hiervon also ist nun, unter dem Aspekt der »Gegenwärtigkeit des Mittelalters«, zu reden.

Die Bauform »christlicher Philosophie« kann im Ernst nur erörtert werden, wenn eine Voraussetzung als gültig angenommen ist, die hier nur namhaft gemacht, aber nicht diskutiert werden wird. Es ist die Voraussetzung, daß in Christus dem Menschen eine Auskunft zuteil geworden ist, die das Ganze der Welt und des Daseins betrifft und also, laut Definition, den Philosophierenden angeht und die außerdem kraft eines übermenschlichen Wahrheitsanspruchs gilt.

Wer diese Voraussetzung ablehnt, dem ist konsequenterweise »christliche Philosophie«, ganz gleich, was darunter des näheren verstanden wird, ein Unbegriff. Und die ganze mittelalterliche Philosophie muß ihm gleichfalls in dem, was sie im Grunde allein bewegt, unzugänglich bleiben; es ist nichts anderes zu erwarten, wie daß sie ihm als ein vielleicht erstaunlicher, aber letztlich sinnloser Aufwand an formalem Scharfsinn erscheint – mag sie im übrigen noch so plausibel »historisch« erklärt werden, und mögen ihr vielleicht gar gewisse Fortschritte etwa in der Logik, in der Aristoteles-Deutung oder sonstwo zugute gehalten werden.

Sobald aber jene Voraussetzung anerkannt wird, kommt auch die Aufgabe der »Verknüpfung« zu Gesicht, die Frage zum mindesten, auf welche Weise die *geglaubte* Auskunft über Welt und Dasein zusammenzudenken sein könnte mit der *gewußten* Auskunft über die gleiche vor Augen liegende Welt und das gleiche menschliche Dasein. Wenn es dem Menschen darum zu tun ist, aus der Fülle und aus der uneingedämmten Energie des geistigen Lebensimpulses zu existieren, was so viel heißt, wie zu existieren im Angesicht von schlechterdings Allem, was in seine Reichweite kommt – dann ist es völlig unmöglich, die Verknüpfung von *fides* und *ratio* nicht wenigstens zu versuchen. Dies nicht zu versuchen ist, wohlzubedenken, unmöglich unter der Voraussetzung, daß er beides, das Geglaubte wie das Gewußte, gleichermaßen als wahr, das heißt, als eine zutreffende Auskunft über Wirklichkeit akzeptiert.

Die Verknüpfung von *fides* und *ratio* umfaßt natürlicherweise zwei Teil-Aufgaben: zunächst die *Deutung* der göttlichen Auskunft, die dem Menschen in der Weise von Bild, Gleichnis und Begebenheit sowie in der Ausdrucksform einer bestimmten Kultur entgegentritt; schon diese Deutung, das eigentliche Geschäft der Theologie, muß, um verbindlich oder auch nur glaubhaft zu sein, den Gesamtbestand der dem Menschen bekannten Wahrheit ins Spiel bringen. Die zweite Teil-Aufgabe liegt in der formellen *Zuordnung* dieser Deutung zu dem Ganzen der natürlichen Welt- und Daseinskenntnis [6].

Wie sich in jedem Kapitel dieses Buches gezeigt hat, ist hiermit geradezu *das* Thema der philosophisch-theologischen Bemühung der Zeit zwischen Boethius und Duns Scotus bezeichnet. Einzelne Versuche einer Lösung haben sich auch, schon im Mittelalter selbst, als unrealisierbar erwiesen. Aber die großen Entwürfe haben für den, der heute als Christ philosophiert, ihre paradigmatische Bedeutung nicht verloren. »Paradigmatisch« nennen wir die musterhafte Verwirklichung, die dennoch nicht einfachhin nachgeahmt oder wiederholt werden kann, und die also einesteils »gegenwärtig«, anderenteils »vergangen« ist.

Unwiederholbar vergangen ist, so scheint es, die »Summa«. Zwar hat auch Thomas von Aquin die prinzipielle Unergründlichkeit alles Wirklichen klar ausgesprochen. Dennoch erscheint uns seine Haltung als die eines Mannes, der einen hellen Saal voll unermeßlicher, aber doch auch wohlgeordneter Schätze überblickt; während unsere eigene Erfahrung mit der Welt eher der Situation dessen vergleichbar ist, der, in einer Taucherkugel in die Tiefsee hinabgelassen, das gegen die unabsehbare Dunkelheit sich Abhebende, soweit das Licht der Scheinwerfer dringt, mehr oder weniger deutlich ausmacht. – Offenbar ist uns die rundum geschlossene Weltaussage auf legitime Weise nicht möglich. Dazu ist der Reichtum des natürlichen Weltwissens zu unabsehbar. Und weder dem Wissenschaftler und Philosophen noch dem Theologen steht es an, die Vielfalt durch die bloße Hinzufügung etwa eines »christlichen Aspekts« vorschnell zu einer Einheit zu runden.

Gerade der Verzicht freilich auf die Schließung des Wirklichkeitsbildes, die ausdrückliche Offenheit sowohl der rationalen Weltdeutung gegenüber der Theologie [und zwar nicht eigentlich auf Grund eines besonderen Aktes der Reverenz, sondern auf Grund der disziplinierten Selbstbeschränkung auf das in Wahrheit exakt Wißbare] wie auch die Offenheit der Theologie gegenüber der stets weiterdringenden Erforschung der Welt und des Menschen, theologisch formuliert: der Schöpfung – gerade diese ausdrückliche Enthaltung kann den Sinn haben, das Bild der dennoch von Grund auf einheitlichen Welt zu »retten« und den Blick auf das ungeschmälert Ganze freizuhalten von jeder sachwidrigen Behinderung.

Dies ist der Punkt, daran zu erinnern, daß die größte »Summa« des Mittelalters nicht nur gleichfalls, und zwar weil ihr Autor, Thomas von Aquin, es so gewollt hat, unvollendet geblieben, sondern daß sie außerdem als ein »für die Unterweisung der Anfangenden«, *ad eruditionem incipientium*[7], bestimmtes Elementar-Lehrbuch gedacht ist – was bedeutet, daß ihre runde Vollständigkeit, selbst wenn sie realisiert worden wäre, ausdrücklich keine abschließende Endgültigkeit beanspruchen will. – Der »endgültige« Thomas ist eher anzutreffen in seinen *Quaestiones disputatae*. Dieser Name besagt so viel wie: »im Streitgespräch erörterte Fragen«. Sie sind der Niederschlag jener Gespräche, die auf einer unbegrenzten, dem Partner und Gegner zugewendeten Aufnahmebereitschaft beruhen und nicht sosehr zu einem »Abschluß« führen als zu einer ins Unendliche weisenden Öffnung des Erkenntnisweges. Und man kann mit guten Gründen der Meinung sein, daß die Universalität der hohen Zeit des Mittelalters sich weniger in den individuellen Leistungen der großen »Summen« verwirkliche als vielmehr in dieser *recherche collective de la vérité*[8], das heißt, in den »Disputationen«, die sich keinem Thema und keinem Partner verschließen. Keinem, auch nicht dem nicht-christlichen Partner! Es ist ein nicht ungebräuchlicher Irrtum, zu meinen, die mittelalterliche Philosophie sei eine auf den Kreis der Zugehörigen und Eingeweihten beschränkte, »innerchristliche« Angelegenheit gewesen. Zwar sagt eine ihrer Disputationsregeln, daß ein Gespräch über Dinge, deren Grundlagen nicht bei allen Partnern anerkannt sind, unmöglich und aussichtslos sei. Aber Thomas nennt ein Fundament, das von jedermann anerkannt und auf dessen Boden auch mit »Mohammedanern und Heiden« ein Gespräch zu führen sei: die »natürliche Vernunft«[9]. Und er selbst führt dies Gespräch – in der ganz und gar unpolemischen, später sehr zu Unrecht so betitelten »Summe wider die Heiden«. Die »natürliche Vernunft« aber ist dabei nicht zunächst die dialektische Kunstfertigkeit, die eigene Meinung durchzufechten, sondern die Kraft, alles zu »vernehmen«, was begegnet.

Es bedarf kaum eines Wortes, wie sehr solcher paradigmatische Stil der Verknüpfung des Geglaubten und des Gewußten eine unmittelbar gegenwärtige Aktualität besitzt.

*

Nun aber ist noch von dem Vorrang der Theologie zu sprechen, der die mittelalterliche Weise jener Verknüpfung kennzeichnet. Auch hier läßt sich das unwiederholbar Vergangene unterscheiden von dem noch immer Gültigen. – Zwar haben die Beiträge, die das Mittelalter zur philosophischen Erkenntnis hinzugebracht hat, ganz und gar philosophischen Charakter; und zwar lehnt Thomas, gegen theologische Bedenken, ausdrücklich jede thematische Einengung der philosophischen Fragestellung ab[10] [gleichfalls auf Grund theologischer Argumente]. Dennoch ist nicht nur unbestreitbar, daß all diese

Philosophen faktisch zugleich Theologen sind, sondern auch, daß ihr Philosophieren, höchst erwartbarerweise, aus einem theologischen Frage-Impuls ansetzt. Dies aber ist offenbar so sehr vergangen, daß man eher sagen könnte, das lebendige Philosophieren der Gegenwart komme gerade nicht von der Theologie her in Gang, sondern von der geschichtlichen Zeiterfahrung, von der modernen Physik, von der Tiefenpsychologie, von der Evolutionsforschung.

Dennoch bleibt zweierlei zu bedenken. – Erstens: Solange die geglaubte Auskunft, auf die christliches Philosophieren zurückgreift, als »göttliche Rede«, als »Offenbarung« im strikten Sinn gilt, so lange wird sie *eo ipso* auch als schlechthin übergeordnete Wahrheitsnorm verstanden. Wie auch immer des näheren diese Über- und Unterordnung zu bestimmen sein mag, es gehört einfachhin zum Begriff einer »christlichen Philosophie«, daß die natürliche Vernunft von der Offenbarung Gottes her eine zum mindesten »negative« Normierung empfange. Man kann natürlich sehr wohl darüber diskutieren, ob solche Einschränkung der Autonomie der Vernunft vertretbar sei oder nicht; nur muß man sehen, daß es sich in dieser Diskussion nicht um den Unterschied »mittelalterlich«–»modern«, sondern um den Unterschied »christlich«–»nichtchristlich« handelt. – Zweitens: Durch die Einfügung des natürlichen Wissens in die umfassendere Wahrheit der Offenbarung tritt die Erhellungskraft der wissenschaftlich-philosophischen Funde erst voll zu Tage – vorausgesetzt, daß diese Einfügung *legitim* geschieht, das heißt, auf Grund einer überlegenen und genauen Kenntnis sowohl der theologischen wie auch der natürlichen Wahrheit. »Die Mystik ist .. die einzige Macht, die imstande ist, die durch die anderen Formen menschlicher Aktivität gesammelten Reichtümer zu einer Synthese zu bringen.« Dieser Satz stammt von Pierre Teilhard de Chardin[11], einem der kühnsten und spirituellsten theologischen Denker unserer Zeit, der zugleich zu den führenden Geistern der paläontologischen Forschung gehört. Wer unbefangenen Sinnes den zugleich forscherischen und theologischen Elan betrachtet, mit welchem Teilhard de Chardin seiner Vision eines »größeren Christus«[12] die Erkenntnisse der Entwicklungslehre zuordnet, beginnt zu ahnen, wie sehr eine von der Theologie inspirierte Verknüpfung von *fides* und *ratio*, sofern sie wieder einmal ganz und gar legitim geschieht, die natürliche Weltweisheit erst zu ihrer vollkommenen Aussagegewalt zu entbinden vermöchte.

*

Die »christliche Philosophie« ist nicht eine mehr oder weniger abseitige, durch ein spezielles [»religiöses«] Interesse Einzelner bedingte Sonderform philosophischer Betätigung. Sie ist *die* einzig mögliche Gestalt von Philosophie[13] – *wenn* es wahr ist, daß der Logos Gottes in Christus Mensch geworden ist, und *wenn* unter »Philosophie« das verstanden wird, was die großen Beginner des europäischen Philosophierens [Pythagoras, Platon, Aristoteles] darunter verstanden haben. Die Denker des Mittelalters haben die mit dem Begriff einer »christlichen Philosophie« unmittelbar gegebene Verknüpfung von *fides* und *ratio* zum ersten Mal als Aufgabe formuliert und mit einer unvergleichlichen gedanklichen Energie in Angriff genommen. Niemand, der heute an der Bewältigung dieser unbeendlichen Aufgabe mitzuwirken versucht, kann sich davon dispensieren, das anspruchsvolle und vielgestaltige Paradigma der mittelalterlichen Philosophie zu bedenken. Aber er wird auf die gestellten Fragen nicht die mittelalterliche, sondern seine eigene Antwort zu geben haben.

LITERATUR-HINWEIS / ANMERKUNGEN
ZEITTAFEL / REGISTER

Literatur-Hinweis

Bernhard Geyer, Die patristische und scholastische Philosophie [11. Auflage. Berlin 1928], der II. Band von *»Friedrich Überwegs Grundriß der Geschichte der Philosophie«*, bleibt, obwohl in manchen Einzelheiten überholt, völlig unentbehrlich. Zitiert als: Überweg-Geyer

*

Etienne Gilson, History of Christian Philosophy in the Middle Ages. London 1955. – Eine meisterhafte Gesamtdarstellung, die Gründlichkeit mit »Lesbarkeit« verbindet.
Zitiert als: Gilson, History

*

Philotheus Böhner und Etienne Gilson, Christliche Philosophie von ihren Anfängen bis Nikolaus von Cues. 3. Auflage. Paderborn 1954. – Keine Übersetzung der »History«, sondern ein nach Anlage und Inhalt völlig andersartiges, im wesentlichen von Ph. Böhner verfaßtes Buch.
Zitiert als: Böhner, Christl. Philosophie

*

Maurice de Wulf, Histoire de la philosophie médiévale. 6. Auflage. Drei Bände. Louvain 1934, 1936, 1947. – Der längst vergriffene erste Band dieser Auflage liegt auch in englischer Übersetzung vor [London 1951].
Zitiert als: de Wulf, Histoire

*

Frederick Copleston, Mediaeval Philosophy. Augustine to Scotus. [Band II von *A History of Philosophy.*] London 1950. – Sehr klar. Zahlreiche Stellenbelege.
Zitiert als: Copleston

*

Der übersichtlich gegliederte 13. Band der *Histoire de l'Église* von Fliche-Martin, betitelt *Le mouvement doctrinal du XIe au XIVe siècle* [Paris 1951], umfaßt drei große Abschnitte:

1] *André Forest, De Jean Scot Érigène au siècle des Universités.* Zitiert als: Forest, De Jean Scot Érigène

2] *Fernand van Steenberghen, Le XIIIe siècle.*
Zitiert als: van Steenberghen, Le XIIIe siècle

3] *M. de Gandillac, Le XIVe siècle.*

*

Albert Stöckl, Geschichte der Philosophie des Mittelalters. Drei Bände. Mainz 1864–1866. – Wegen der zahlreichen Texte und der klaren, wenngleich in manchen Punkten inzwischen überholten Beurteilungen noch immer brauchbar.

*

Martin Grabmann, Die Geschichte der scholastischen Methode. Zwei Bände. Freiburg 1909, 1911. Neudruck: Darmstadt 1956. Zitiert als: Grabmann, Scholast. Methode

*

Martin Grabmann, Mittelalterliches Geistesleben. Drei Bände. München 1926, 1936, 1956. – Das Werk, obwohl eine Sammlung von Einzeluntersuchungen, gibt einen ausgezeichneten Gesamtüberblick.
Zitiert als: Grabmann, Mittelalterl. Geistesleben

*

Fernand van Steenberghen, Aristotle in the West. Louvain 1955.

*

Fernand van Steenberghen, Philosophie des Mittelalters. Bern 1950. – Eine kurze, rein bibliographische Einführung.

Anmerkungen

Der Vorspruch findet sich in einem Brief [-Entwurf] an Heinrich Jung-Stilling vom Frühjahr 1789.

Vorbemerkung

[1] Josef Pieper, Thomas von Aquin. Leben und Werk. München [Kösel-Verlag] 1986.

I

[1] G. Gordon, Medium Aevum and the Middle Age. Oxford 1925.
[2] Hegel, Sämtl. Werke [Jubiläumsausgabe]. Hrsg. H. Glockner. Bd. 19 [Stuttgart 1928], S. 99.
[3] Ebd., S. 328.
[4] Ebd., S. 149. – Daß Hegel hier neben sekundärer und Kompendienliteratur als einziges Quellenwerk immerhin die Summa theologica des heiligen Thomas nennt, möchte man ihm hoch anrechnen, wenn nicht zu befürchten stünde, daß er mit dem »schrecklich geschriebenen und voluminösen« Schrifttum gerade dieses Buch gemeint haben könnte.
[5] Besonders wichtige Namen: Cl. Baeumker, Fr. Ehrle, B. Geyer, M. Grabmann, J. Koch, A. Landgraf, A. Stöckl; M.-D. Chenu, E. Gilson, P. Mandonnet, J. Maritain, F. van Steenberghen, M. de Wulf. – Es ist hier auch die 1865 erschienene, trotz abwegiger Einzelurteile für die damalige Zeit erstaunliche Abhandlung von J. E. Erdmann zu erwähnen: »Der Entwicklungsgang der Scholastik« [Zeitschrift f. wissenschaftliche Theologie; 8. Jg. ⟨Halle 1865⟩, S. 113–171].
[6] Hegel, a. a. O., S. 99.
[7] K. Jaspers, Vom Ursprung und Ziel der Geschichte. München 1949. S. 19.
[8] Ebd., S. 19 f.
[9] Gilson, History, S. 3 f.
[10] Hegel, a. a. O., S. 139.
[11] Ebd., S. 199.
[12] Ebd., S. 201.
[13] Scholast. Methode I, S. 137.
[14] History, S. 528.

[15] Dies gilt für die vierte Auflage [Louvain 1912], die von R. Eisler ins Deutsche übertragen wurde: M. de Wulf, Geschichte der mittelalterlichen Philosophie [Tübingen 1913], S. 448.

II

[1] Vgl. hierzu M. L. Gothein, Nachwort zu der lat.-dtsch. Ausgabe der Consolatio, übersetzt von Eberhard Gothein [Berlin 1932], S. 195, 205.

[2] M. Heidegger, Was ist das – die Philosophie? [Pfullingen 1956], S. 37.

[3] Böhner, Christl. Philosophie, S. 247.

[4] Kommentar zu Peri hermeneias, zweite Fassung. Migne, Patrologia Latina 64, 433.

[5] ... in plerisque quae sunt in philosophia maxime consentire. Ebd.

[6] Erstes Gedicht der Consolatio.

[7] His textbook on music, founded on various Greek authorities, was in use at Oxford and Cambridge until modern times. E. K. Rand in: Boethius, Theological tractates etc., Loeb Classical Library [1953], S. X.

[8] Vgl. Grabmann, Die theologische Erkenntnis- und Einleitungslehre des heiligen Thomas von Aquin [Freiburg/Schweiz 1948], S. 3.

[9] Consolatio V, 6 prosa.

[10] Ebd., V, 4 prosa.

[11] Es wird behauptet [Fr. Heer, Europäische Geistesgeschichte (1953) S. 33], außer der Bibel und der »Nachfolge Christi« sei kein Buch der Weltliteratur häufiger abgeschrieben, übersetzt, kommentiert und gedruckt worden. Immerhin steht fest, daß es noch heute, aus der Zeit *vor* der Erfindung der Buchdruckerkunst, mehr als 400 Handschriften der Consolatio gibt, und daß sie knapp fünfzig Jahre nach der Gutenberg-Bibel bereits 43mal gedruckt gewesen ist. Notker Labeo hat sie ins Deutsche, Alfred der Große hat sie ins Englische übersetzt. Es gibt mittelalterliche Übersetzungen u. a. in französischer, griechischer, spanischer und hebräischer Sprache. – Die letzte *deutsche* Übersetzung der Metren der

Consolatio stammt von Konrad Weiß [Die Gedichte aus der ›Tröstung der Philosophie‹ des Boethius. Lateinisch-Deutsch. Mit einem Nachwort von Josef Pieper. Suhrkamp-Verlag, Berlin und Frankfurt 1956].

[12] Consolatio II, 4 prosa.

[13] Ebd., II, 5 prosa.

[14] Vgl. Josef Pieper, Erkenntnis und Freiheit. In: Weistum, Dichtung, Sakrament [München 1954], S. 40.

[15] Consolatio V, 2 prosa.

[16] Ebd., I, 4 prosa.

[17] Ebd., III, 12 prosa.

[18] Ebd., V, 3 prosa.

[19] E. K. Rand, Founders of the Middle Ages [Cambridge, Massachusetts, 1928], S. 135 ff.

[20] Grabmann, Scholast. Methode I, S. 148.

[21] Boethius, Theological tractates etc., Loeb Classical Library [1953], S. X: »The theological tractates mark him as the forerunner of St. Thomas«.

[22] Grabmann, Theol. Erkenntnis- und Einleitungslehre, S. 5.

[23] Gilson, History, S. 106: »... one of the founders of scholasticism.«

[24] Thomas von Aquin hat seinerseits in dem großartigen Prolog seines Kommentars zu Boethius' Trinitäts-Traktat »eine große Fülle von Schriftstellen, aber kein einziges Aristoteleszitat« verwandt; vgl. Grabmann, Theolog. Erkenntnis- und Einleitungslehre, S. 37.

[25] Sentenzenkommentar 1 d. 2, divisio textus.

[26] G. Schnürer, Die Anfänge der abendländischen Völkergemeinschaft [Freiburg 1932], S. 82, 88.

[27] Cassiodor hat sowohl eine »Chronik« [um 519] als auch, zwischen 526 und 533, eine »Geschichte der Goten« geschrieben.

[28] Freilich beruht die Unantastbarkeit des klösterlichen »freien Raumes« auch darauf, daß die weltlichen Mächte ihn respektieren. Dies aber trifft, inmitten der Wirrsal des sechsten Jahrhunderts, zu. Es ist durchaus glaubwürdig, was ein Abgesandter des [arianischen] Goten Witigis dem Oströmer Belisar vorhält: »Die Heiligtümer der Römer haben wir in höchsten Ehren gehalten; niemals ist jemandem, der dort

Asyl suchte, auch nur ein Haar gekrümmt worden« [Prokop, Gotenkrieg II, 6].

[29] J. A. Möhler, Gesammelte Schriften und Aufsätze. Hrsg. I. Döllinger [Regensburg 1839], II, S. 35 f.

[30] Institutiones II, 3.

III

[1] Vgl. Josef Pieper, Zucht und Maß [Kösel-Verlag München, 8. Aufl., 1960], S. 30 ff.

[2] Vgl. Kap. IV [S. 83 ff.] und Kap. XI [S. 185 ff.].

[3] In der historischen Literatur wird gewöhnlich dieser Name gebraucht; der Einfachheit halber werden wir von Dionysius Areopagita sprechen.

[4] Böhner, Christl. Philosophie, S. 131.

[5] So J. Stiglmayr in der Einleitung zu seiner Übersetzung der beiden Hierarchien [Bibliothek der Kirchenväter, Kempten und München 1911], S. XXIII.

[6] H. F. Müller, Dionysios, Proklos, Plotinos [Münster 1918], S. 110.

[7] Ebd., S. 37.

[8] Ebd., S. 38.

[9] A. Feder, Des Aquinaten Kommentar zu Pseudo-Dionysius' De divinis nominibus. Scholastik Jg. 1 [1926], S. 335.

[10] Thomas sagt in seinem Sentenzenkommentar [2 d. 10, 1, 2], als er vom Dienst der Engel handelt, eine bestimmte Auffassung sei rationabilior... quia Dionysius hoc tradit, qui discipulus Pauli fuit et dicitur ejus visiones scripsisse.

[11] Böhner, Christl. Philosophie, S. 131.

[12] E. Underhill, Mystik [München 1928], S. 595.

[13] Ebd., S. 607 f.

[14] Vgl. Grabmann, Mittelalterl. Geistesleben I, S. 450.

[15] M.-D. Chenu, Introduction à l'étude de St Thomas d' Aquin [Paris 1950], S. 193.

[16] Traité de l'amour de Dieu I, 9.

[17] de Wulf, Histoire [engl. Übersetzung] I, S. 101.

[18] Ebd.: He became a Western by adoption.

[19] Die häufig anzutreffende Benennung Scotus Eriugena [Erigena] ist wenig sinnvoll, da sie dasselbe, die Herkunft

aus Irland [Schottland], zweimal ausdrückt. Sinnvoll ist die Bezeichnung Johannes Scotus.

[20] Das merkwürdige Faktum, daß auf den britischen Inseln die Sprache und die Dokumente der sterbenden Antike besser bewahrt worden zu sein scheinen als auf dem Kontinent, hat mehrere Gründe. So sind die britischen Inseln das erste Missionsgebiet gewesen, das unmittelbar von Rom aus beschickt worden ist. Der irische Nationalheilige, der Missionar St. Patrick, ist Römer. Und einer der ersten Bischöfe von Canterbury, der Begründer des Ruhmes von Canterbury, der Bischof Theodor [7. Jahrhundert], stammt aus dem griechisch redenden Tarsos in Kleinasien; er bringt seinen Homer mit, worin er ständig liest [G. Schnürer, Anfänge der abendl. Völkergemeinschaft, S. 177]; er führt schon damals in den englischen Kathedralschulen die klassischen Studien ein.

[21] Böhner, Christl. Philosophie, S. 263.

[22] Gilson, History, S. 113.

[23] Ebd., S. 113.

[24] Böhner spricht von der »Hierarchie als Aufgabe«; Christl. Philosophie, S. 138 f.

[25] De divinis nominibus I, § 1, 7.

[26] Der platonische Ursprung dieses Gedankens ist völlig deutlich. In *Platons* Politeia [509 b 8 f.] heißt es, das Gute, das theion, sei nicht ein Seiendes, sondern rage an Würde und Kraft über das Sein hinaus – worauf Glaukon voller Verwunderung ausruft: das sei, »beim Apollon, ein Teufelswerk von Hinausragen« [509 b 9]. – Bei *Plotin* [Enn. VI, 9, 3; in der griech.-deutschen Ausgabe von R. Harder (Hamburg 1956) I, S. 181] kehrt der gleiche Gedanke in folgender Gestalt wieder: »Da ... die Wesenheit des Einen die Erzeugerin aller Dinge ist, so ist sie keines von ihnen. Sie ist also weder ein Etwas noch ein Wiebeschaffen noch ein Wieviel, weder Geist noch Seele, kein Bewegtes und auch wiederum kein Ruhendes, nicht im Raum, nicht in der Zeit.«

[27] Serm. 117, 3; 5 – Ebd., 52, 6; 16 – In Psalm. 85, 12 – Ebd., 99, 5 f. – De doctrina Christiana 1, 6; 6 – In Johannem, tract. 13, 5 – De trinitate 5, 1; 1 – Ebd., 7, 4; 7.

[28] Chenu, Introduction, S. 193.

[29] I, 3 prooem.
[30] Kommentar zu Boethius, De trinitate 2, 1 ad 6.
[31] Ebd., 1, 2 ad 1.
[32] Quaest. disp. de Potentia Dei 7, 5 ad 14.
[33] Himmlische Hierarchie 15, 9 – Mystische Theologie, cap. 1.
[34] Grabmann, Mittelalterl. Geistesleben I, S. 466; II, S. 389.

IV

[1] In der vierten Homilie [über Matth., Kapitel 17]; Migne, Patrologia Latina 158, 600f. – Übrigens soll diese Homilie, wie anscheinend alle Homilien, *fälschlich* Anselm zugeschrieben worden sein. – Vgl. dazu F. S. Schmitt, Die wissenschaftliche Methode in Anselms »Cur Deus homo«. In: Spicilegium Beccense. Le Bec-Hellouin und Paris 1959.
[2] Gilson, History, S. 129.
[3] Auch der Herausgeber der kritischen Gesamtausgabe der Werke Anselms, die in England erscheint, F. S. Schmitt O. S. B., sagt in der Einleitung der lateinisch-deutschen Ausgabe von Cur Deus homo [Kösel-Verlag, München 1956]: »Daß Anselm in seinem Streben, den Glauben rationell zu erfassen, weiter ging, als zulässig ist, läßt sich nicht leugnen...« [S. VIII].
[4] In deutscher Übersetzung [G. Müller] erschienen in München 1923.
[5] J. A. Möhler, Ges. Schriften I, S. 41.
[6] I, 1, 6.
[7] Ebd.
[8] Epistolae 3, nr. 7. Migne, Patrologia Latina 159, 24.
[9] II, 4, 34.
[10] Eadmer, Historia novorum, lib. II. Migne Patrologia Latina 159, 405 f.
[11] Eadmer, Vita II, 1, 8.
[12] II, 3, 29.
[13] Proslogion, prooem.
[14] In Johannem tract. 40, 9.
[15] Kommentar zu Boethius, De trinitate, prooem.
[16] Grabmann, Scholast. Methode I, 259 ff.
[17] Ebd., I, 270.

[18] ... quasi nihil sciatur de Christo...; ... quasi numquam aliquid fuerit de illo. Cur Deus homo, prooem.

[19] Cur Deus homo, I, 16.

[20] Ebd., II, 8.

[21] Ebd., II, 9.

[22] Gilson, History, S. 129.

[23] Sämtl. Werke, Bd. 19, S. 163.

[24] Kommentar zu Boethius, De trinitate 2, 1 ad 5.

[25] Ebd., 2, 3 ad 5.

[26] F. S. Schmitt, Einleitung zur lat.-dtsch. Ausgabe von Cur Deus homo, S. IX.

[27] Proslogion, cap. 1. – Dies ist ein gegenüber dem früheren Monologion *neuer* Gedanke, und man hat vermutet, er könnte geäußert sein zur Verteidigung – zum Beispiel an die Adresse von Lanfranc, der auf das Monologion hin, das bekanntlich jede biblische Begründung ausgeschlossen hatte, einen kritischen Brief an Anselm geschrieben hat. Vgl. Adolf Kolping, Anselms Proslogion-Beweis der Existenz Gottes [Bonn 1939], S. 7.

[28] Cur Deus homo I, 2.

[29] Ebd.

[30] Kritik der reinen Vernunft. Hrsg. R. Schmidt [Leipzig 1944], S. 567.

[31] I, 2, 26.

[32] Proslogion, prooem.

[33] I, 2, 26.

[34] Abgedruckt bei Migne, Patrologia Latina, 158, 241 ff. – In deutscher Übersetzung: Anselm von Canterbury, Leben, Lehre, Werke. Übersetzt, eingeleitet und erläutert von Rudolf Allers [Wien 1936], S. 381–387.

[35] Liber Apologeticus contra Gaunilonem. Migne, Patrologia Latina 158, 247 ff.

[36] Anselm wie auch Eadmer haben offenbar den Namen des Verfassers der Gegenschrift nicht gekannt.

[37] K. Barth, Fides quaerens intellectum [München 1931].

[38] Ich nehme hier, über den Text des Proslogion hinaus, noch hinzu, was Anselm in der Antwort an Gaunilo sagt.

[39] Vgl. Anselm von Canterbury, hrsg. R. Allers; S. 172 ff.

[40] Hierzu ist freilich zu bedenken, was Anselm selbst im

Proslogion [Kap. 4] sagt: »Eine Sache wird *anders* gedacht, wenn das sie bezeichnende *Wort* gedacht wird, und *anders*, wenn das, was die *Sache* ist, gedacht wird. Auf jene Weise kann man zwar denken, daß Gott nicht sei, aber auf diese Weise ganz und gar nicht.« – Die Frage ist, ob es nicht auch nur die *Worte* sind, die man denken kann, wenn man sagt: kreisförmiges Viereck.

41 Vgl. Gilson, History, S. 133.

42 Sämtl. Werke, Bd. 19, S. 168.

43 C. Nink, Philosophische Gotteslehre [München 1950], S. 137.

44 A. Stolz, Zur Theologie Anselms im Proslogion. Catholica, 2. Jg. [1933], S. 1–24.

45 Ebd., S. 4.

46 Zum Beispiel A. Koyré, L'idée de Dieu dans la philosophie de St. Anselme [Paris 1923], S. 195: Das Proslogion »ist geschrieben von einem Mönch für Mönche, für Gläubige... Es will niemanden bekehren«. – Ähnlich A. Jacquin, Les rationes necessariae de St. Anselme. Mélanges Mandonnet II [1930], S. 67 ff.

47 Fides quaerens intellectum, S. 199.

48 Proslogion, Prooem.

49 Proslogion, cap. 4 [Schluß].

50 Fides quaerens intellectum, S. 199.

51 Meditationes de Prima Philosophia, Anhang zu den zweiten Erwiderungen, Satz I – Principia Philosophiae I, § 14 – Discours de la Méthode, Kap. 4.

52 Discours, Kap. 4.

53 Quaest. disp. de veritate 10, 12; Summa contra Gentes 1, 10–11; Summa theologica I, 2, 1; Kommentar zu Boethius, De Trinitate 1, 3.

54 Quaest. disp. de veritate 10, 12.

55 A. Stolz, a. a. O., S. 4.

56 Kritik der reinen Vernunft, S. 568.

57 Quaest. disp. de veritate 10, 12 ad 2.

58 Ebd. 10, 12 ad 3 in contr.

59 Ebd., 10, 12 ad 6.

60 Proslogion, Kap 1.

V

[1] E. Gilson, Heloise und Abälard [Freiburg 1955], S. 101.

[2] Abälard, Die Leidensgeschichte und der Briefwechsel mit Heloise. Hrsg. E. Brost. 2. Aufl. [Heidelberg 1954], S. 36.

[3] Gilson, Heloise, S. 111.

[4] Migne, Patrologia Latina 178, 113–182. – Deutsche Ausgabe: siehe oben Anm. 2.

[5] Gilson, Heloise, S. 54.

[6] Leidensgeschichte, S. 18.

[7] Ebd., S. 126.

[8] Ebd., S. 95.

[9] Gilson hat gezeigt, daß die Echtheit dieses Briefwechsels nicht mit hinreichenden Argumenten in Zweifel gezogen werden kann: »Die überzeugendste und gescheiteste von allen [Hypothesen] besteht immer noch in der Annahme, daß Heloise die Urheberin der Briefe der Heloise ist und Abälard der Autor der Briefe Abälards.« Gilson, Heloise, S. 133.

[10] Vgl. Leidensgeschichte, S. 143 f.

[11] Leidensgeschichte, S. 99, 129, 163, 83.

[12] So über Anselm von Laon; Leidensgeschichte, S. 15.

[13] Ebd., S. 64.

[14] Ebd., S. 64.

[15] Ebd., S. 76.

[16] Gilson, Heloise, S. 101.

[17] Leidensgeschichte, S. 75 f.

[18] In dem 1140 an den Papst Innozenz II. gesandten Brief-Traktat Contra quaedam capitula errorum Abaelardi [Epistola 190]. Migne, Patrologia Latina 182, 1055.

[19] Gilson, Heloise, S. 11.

[20] Leidensgeschichte. S. 456 f.

[21] Ebd., S. 464.

[22] Ebd., S. 110 f.

[23] Migne, Patrologia Latina 178, 103.

[24] Grabmann, Scholast. Methode II, S. 175.

[25] Leidensgeschichte, S. 8.

[26] Überweg-Geyer, S. 216.

[27] Vgl. Boethius, Commentaria in Porphyrium a se translatum. Migne, Patrologia Latina 64, 71–158.

[28] Überweg-Geyer, S. 216.

[29] Vgl. I. M. Bochenski, Formale Logik [Freiburg-München 1956], S. 169 f.; S. 219.

[30] Scito te ipsum, cap. 14. Migne, Patrologia Latina 178, 657.

[31] Theologia Christiana. Migne, Patrologia Latina 178, 1172.

[32] Summa theologica II, II, 2, 7 ad 3; vgl. auch Quaest. disp. de veritate 14, 11 ad 5.

[33] A. Dempf, Die geistige Stellung Bernhards von Clairvaux gegen die cluniazensische Kunst. In: Die Chimäre seines Jahrhunderts. Hrsg. J. Spörl [Würzburg 1956], S. 33.

[34] Theologia Christiana. Migne, Patrologia Latina 178, 1144 ff. Vgl. auch In Epist. ad Romanos. Migne, ebd. 178, 803.

[35] Vgl. Grabmann, Scholast. Methode II, S. 198.

[36] Ebd. II, 179 f.

[37] Leidensgeschichte S. 38 f.

[38] Gilson, Heloise, S. 101.

[39] Vgl. Arno Borst, Abälard und Bernhard. Historische Zeitschrift. 186. Bd. [1958].

[40] Göttliche Komödie; Paradies, 32. Gesang.

[41] Vita cap. 8, nr. 41. Migne, Patrologia Latina 185, 251.

[42] Epistola 250 [geschrieben zwischen 1147 und 1150]. Migne, Patrologia Latina 182, 451.

[43] Vereor omnia opera mea et quod operor, non intelligo. Epistola 306. Migne, Patrologia Latina 182, 509.

[44] Während Überweg-Geyer [S. 256] sagt, daß von Bernhard »zu Pseudo-Dionysius keine Fäden führen«, behauptet Gilson [History S. 164], er sei sowohl mit den Werken des Dionysius wie auch mit den Kommentaren des Maximus Confessor und vielleicht sogar mit den Schriften des Johannes Eriugena bekannt gewesen.

[45] Serm. 36. Migne, Patrologia Latina 183, 968.

[46] Sermones. Migne, Patrologia Latina 183, 407.

[47] Sermo in Nativitate S. Joannis Baptistae, 3. Migne, Patrologia 183, 399. Das häufig zitierte Wort »Brennen ist mehr als Wissen« ist nicht authentisch.

[48] Sermones in Canticum 85 und 86. Migne, Patrologia Latina 183, 1187 ff.
[49] Ebd., 85, 14. Migne, Patrologia Latina 183, 1194.
[50] de Wulf, Histoire [engl. Übersetzung] I, S. 226.
[51] Gilson, History, S. 154.
[52] Metalogicon 2, 10. Migne, Patrologia Latina 199, 869.
[53] Polycraticus 7, 2. Migne, Patrologia Latina 199, 638 f.
[54] Metalogicon 2, 20. Migne, Patrologia Latina 199, 881.

VI

[1] De reductione artium ad Theologiam, cap. 5. Opera Omnia, Tom. 5 [Quaracchi 1891], S. 321.
[2] Hiermit ist Hugos Schüler und Nachfolger Richard von St. Viktor gemeint.
[3] Das Wort »Sakrament« hat hier den Sinn von »Mysterium«; so ist etwa [Migne, Patrologia Latina 176, 803] vom sacramentum Trinitatis und vom sacramentum resurrectionis die Rede.
[4] Vgl. André Forest, De Jean Scot Érigène, S. 151 – Grabmann, Scholast. Methode II, 222 ff.
[5] Migne, Patrologia Latina 176, 183 f.
[6] O. Zöckler, Art. Hugo von St. Victor. Realenzyklopädie für prot. Theologie und Kirche [3. Aufl.], Bd. 8, S. 436.
[7] Gilson, History, S. 170.
[8] Didascalia 2, 1. Migne, Patrologia Latina 176, 751.
[9] Ebd. 6, 3; Migne, Patrologia Latina 176, 800.
[10] Vgl. Grabmann, Scholast. Methode II, 229 f.
[11] A. Dempf, Die Hauptform mittelalterlicher Weltanschauung [1926], S. 108.
[12] A. Forest, De Jean Scot Érigène, S. 150.
[13] A. Dempf hat von der »traditionalistischen« Phase zwischen 600 und 1100 gesprochen, in der »fast reine Rezeption« stattgefunden habe. Die Hauptform, S. 61 f.
[14] Überweg-Geyer, S. 273.
[15] »Abälard wollte ad oculos demonstrieren, daß man doch nicht jedes Väterzitat unbesehen und ungeprüft als unbedingt bindende auctoritas betrachten dürfe.« Grabmann, Scholast. Methode II, S. 210.

[16] Vgl. Josef Pieper, Hinführung zu Thomas von Aquin, S. 77 ff.
[17] Grabmann gebraucht dies Wort »Propaganda«; Scholast. Methode II, S. 406.
[18] Überweg-Geyer, S. 275.
[19] R. Seeberg, Art. Lombardus. Realenzyklopädie für protestantische Theologie und Kirche [3. Aufl.], Bd. 11, S. 641.
[20] R. Wernle, Einführung in das theologische Studium [Tübingen 1908], S. 228.
[21] Relatorem invenio, non assertorem. Zit. in A. Forest, De Jean Scot Érigène, S. 158; 160.
[22] A. Dempf, Die Hauptform, S. 108 f.
[23] Vgl. Grabmann, Scholast. Methode II, 385 f.
[24] De doctrina Christiana 1, 2.
[25] Vgl. Sentenzenkommentar 1 d. 2 divisio textus.
[26] Vgl. Grabmann, Scholast. Methode II, 364 ff.
[27] Ebd., II, 392.
[28] Ebd., II, 392.

VII

[1] Van Steenberghen, Le XIIIe siècle, S. 189.
[2] Die »Kategorien« und »Peri hermeneias«.
[3] Vgl. Grabmann, Mittelalterl. Geistesleben II, S. 66.
[4] Die beiden »Analytiken«, die »Topik«, die »Sophistischen Widerlegungen«.
[5] Sic et Non, prolog. Migne, Patrologia Latina 178, 1349.
[6] Vgl. die genauen datenmäßigen Angaben bei van Steenberghen, Le XIIIe siècle, S. 183.
[7] Gilson, History, S. 179.
[8] Siehe Kapitel V, S. 123 ff.
[9] Siehe Kapitel II, S. 56.
[10] Vgl. Böhner, Christl. Philosophie, S. 402.
[11] Vgl. Gilson, History, S. 226. Überweg-Geyer, S. 309.
[12] Böhner, Christl. Philosophie, S. 406.
[13] Van Steenberghen, Le XIIIe siècle, S. 189.
[14] Ebd.
[15] M. Horten in der Zeitschrift der Deutschen Morgenländischen Gesellschaft, 66. Bd. [1912], S. 754.

[16] Überweg-Geyer, S. 310.

[17] Immerhin haben Roger Bacon, Albertus Magnus und Thomas über die Unzulänglichkeit der Übersetzungen geklagt [vgl. M. Horten, Zeitschrift d. deutsch. Morgenländ. Gesellschaft, 66. Bd. (1912), S. 754]; und es wurden bald, zum Beispiel durch Wilhelm von Moerbecke, Korrekturen an Hand des griechischen Textes bzw. Neu-Übersetzungen unmittelbar aus dem Griechischen in Angriff genommen.

[18] W. von Hertz, Gesammelte Schriften [Stuttgart 1905], S. 161.

[19] Vgl. die detaillierte Übersicht bei Steenberghen, Le XIIIe siècle, S. 191–196; S. 239–242.

[20] Le XIIIe siècle, S. 242.

VIII

[1] Grabmann, Mittelalterl. Geistesleben II, 70.

[2] »Er ist in der Tat in seinen Aristotelesstudien im wesentlichen Autodidakt gewesen.« Überweg-Geyer, S. 403.

[3] Grabmann, Mittelalterl. Geistesleben II, 357.

[4] Kommentar zur aristotelischen Physik I, 1, 1. Opera Omnia [Borgnet] 3, S. 2.

[5] Siehe Kapitel II, S. 39.

[6] Kommentar zu den Briefen des Dionysius Areopagita 7, 2 B. Opera Omnia [Borgnet] 14, S. 910.

[7] Man lese etwa seine Briefe an die Priorin Diana Andalò [hrsg. B. Altaner, 1925].

[8] B. Geyer, Albertus Magnus. In: Die Großen Deutschen. Hrsg. H. Heimpel, Th. Heuss, B. Reifenberg. Bd. I [Berlin 1956], S. 201.

[9] Der Brief des Papstes vom 5. Januar 1260 ist abgedruckt bei Thomas Ripoll, Bullarium Ordinis Fratrum Praedicatorum [Rom 1729], Bd. I, S. 387. – Der Brief des Ordensmeisters findet sich wiedergegeben in H. Chr. Scheeben, Albert der Große. Zur Chronologie seines Lebens [Vechta und Leipzig 1931], S. 154 ff.

[10] Hierauf deutet auch sein Testament hin, in welchem er nicht nur über seine Bücher, sondern auch über Gold, Silber

und edle Steine verfügt. Es heißt dort ausdrücklich: »Da es allen bekannt ist und keinesfalls bezweifelt werden kann, daß ich auf Grund der mir vom Papst zugestandenen Ausnahmestellung im Orden [ratione exemptionis ab ordine] zeitliche Güter als Eigentum besitzen und nach meinem Gutdünken darüber verfügen darf ...« Testamentum domini Alberti. Ediert von Schmeller in: Gelehrte Anzeigen, hrsg. von Mitgliedern der K. bayerisch. Akademie d. Wissenschaften. 30. Bd. [München 1850], Sp. 45–47.

11 B. Geyer, Albertus Magnus, S. 210.

12 Grabmann, Mittelalterl. Geistesleben II, 345.

13 B. Geyer, Albertus Magnus, S. 207.

14 Grabmann, Mittelalterl. Geistesleben II, 348.

15 Überweg-Geyer, S. 410; van Steenberghen, Le XIIIe siècle, S. 246

16 J. Bernhart, Albertus Magnus. In: Die Großen Deutschen. Hrsg. W. Andreas und W. von Scholz. Bd. I [Berlin 1935], S. 228.

17 Ebd., S. 228.

18 Grabmann, Mittelalterl. Geistesleben II, 346.

19 Böhner, Christl. Philosophie, S. 451 f.

20 Ebd., S. 470.

21 De vegetabilibus. Ed. C. Jessen. Berlin 1867.

22 De animalibus. Ed. H. Stadler. Zwei Bände. Münster 1916, 1920.

23 In einem Brief Goethes, aus Rom an das Ehepaar Herder gerichtet [10. Nov. 1786], heißt es: »Meine Übung, alle Dinge, wie sie sind, zu sehen und zu lesen, meine Treue, das Auge Licht sein zu lassen, meine völlige Entäußerung von aller Prätention machen mich hier höchst im stillen glücklich.«

24 De vegetabilibus VI, 1; cap. 25; § 129. S. 402.

25 Ebd., IV, 2; cap. 4; § 84. S. 252 f.

26 De animalibus VIII, 4; cap. 1; § 134 ff. S. 628 ff.

27 De vegetabilibus II, 1; cap. 3; § 31. S. 114 f.

28 De animalibus IV, 2; cap. 7; § 71. S. 390.

29 Ebd. VII, 1; cap. 3; § 26. S. 506.

30 Zum Beispiel sagt er [Meteor. III, 4; cap. 11; Opera Omnia (Borgnet) 4, S. 679], es sei nicht wahr, daß der Mondregenbogen nur zweimal in 50 Jahren erscheine; es sei viel-

mehr Erfahrungstatsache, daß er im gleichen Jahre zweimal erschienen sei [veridici experimentatores experti sunt].

[31] De vegetabilibus VI, 1; cap. 1; § 1. S. 339.

[32] De animalibus XXIII; cap. 24; § 110. S. 1493.

[33] De vegetabilibus II, 2; cap. 6; § 135. S. 157.

[34] H. Stadler in Verhandlungen deutscher Naturforscher und Ärzte I [Leipzig 1909], S. 35.

[35] Albert spricht von den Pflanzen, von denen er handeln wird. »Von denen, die wir behandeln wollen, haben wir die einen selber durch Erfahrung kennengelernt [ipsi nos experimento probavimus], von den anderen aber haben wir den Bericht von solchen, die, wie wir erfahren haben, nicht leicht etwas sagen, wenn es nicht durch Erfahrung [experimentum] bestätigt wird. In solchen Dingen nämlich gibt einzig die Erfahrung Gewißheit.« De vegetabilibus VI, 1; cap. 1; § 1. S. 339f.

[36] Kommentar zur aristotelischen Metaphysik 1, 1; cap. 2. Opera Omnia [Borgnet] 6, 6.

[37] Ego tales logicas consequentias in scientiis de rebus abhorreo. Ebd.

[38] W. Heisenberg, Das Naturbild der heutigen Physik. In: Die Künste im technischen Zeitalter [Darmstadt 1956], S. 32.

[39] Thomas von Aquin, Summa contra Gentes 2, 4 [1].

[40] B. Geyer, Albertus Magnus, S. 212.

[41] Gilson, History, S. 289.

[42] Ebd., S. 278.

[43] van Steenberghen, Le XIIIe siècle, S. 239.

IX

[1] Josef Pieper, Hinführung zu Thomas von Aquin, S. 183.

[2] Gilson, History, S. 325.

[3] Brief vom 1. Juni 1285 an den Bischof von Lincoln. Registrum epistolarum Johannis Pecham. Ed. C. T. Martin. Drei Bände. [London 1882–1885] III, S. 871.

[4] Vgl. van Steenberghen, Le XIIIe siècle, S. 300. Es ist dort auch von »Néo-Augustinisme« die Rede [S. 296].

[5] Ebd., S. 218, 229; vgl. auch Gilson, History, S. 404f.

[6] Quaest. disp. de veritate 14, 9 ad 8.

[7] Summa contra Gentes 2, 3.

[8] Contra impugnantes 3, 4; nr. 400. – Vgl. auch Josef Pieper, Hinführung zu Thomas von Aquin, S. 209, 216.

[9] Vgl. die sich auf diese Auseinandersetzung beziehenden Briefe John Peckhams, durch Fr. Ehrle herausgegeben in der Zeitschrift für Katholische Theologie Jg. 13 [1889].

[10] Vgl. Josef Pieper, Thomas-Brevier, Lat.-dtsch. [Kösel-Verlag, München 1956], S. 30 ff.

[11] P. Mandonnet hat diese Bezeichnung in den Titel seines Werkes über Siger von Brabant aufgenommen: Siger de Brabant et l'averroisme latin au XIIIe siècle. 2. Aufl. Louvain 1908–1911. – Van Steenberghen, der gleichfalls umfangreiche Studien über Siger von Brabant veröffentlicht hat, sagt dazu: »L'averroisme latin du XIIIe siècle est un produit de l'imagination de Renan.« Le XIIIe siècle, S. 280.

[12] So van Steenberghen, Le XIIIe siècle, S. 277–283.

[13] So Gilson [History S. 408] und Chenu [Introduction S. 34].

[14] Van Steenberghen sagt, Siger von Brabant habe auf Grund der Verurteilungen versucht, seine Thesen mehr in Einklang zu bringen mit der Glaubenswahrheit. Vgl. Le XIIIe siècle, S. 275.

[15] Nach P. Mandonnet [Siger de Brabant etc.; Bd. I, S. 109, Anm. 1] ist diese Predigt im Juli 1270 gehalten worden. Der Text findet sich in den Opera Omnia [ed. Fretté, Paris 1879], Bd. 32, S. 676.

[16] Van Steenberghen, Le XIIIe siècle, S. 276.

[17] Gilson, History, S. 398, 404.

[18] Außer dem schon genannten Werk von Pierre Mandonnet nenne ich Fernand van Steenberghen, Siger de Brabant d'après ses oeuvres inédites. Zwei Bände. Louvain 1931, 1942.

[19] Chenu, Introduction, S. 29, 30.

[20] Van Steenberghen, Le XIIIe siècle, S. 271, 272, 280.

[21] Ebd., S. 268–270.

[22] Ce solitaire n'a pas écrit pour son siècle. Gilson, La philosophie au moyen âge. 2. Aufl. Paris 1944, S. 590.

[23] Gilson, History, S. 409. Vgl. auch van Steenberghen, Le XIIIe siècle, S. 296.

[24] »Über die Einzigkeit des Intellekts«, »Über die Ewigkeit der Welt«.
[25] Vgl. van Steenberghen, Le XIIIe siècle, S. 276.
[26] Ebd., S. 272.
[27] Ebd.
[28] Kommentar zu Aristoteles, De caelo I, 22.

X

[1] Überweg-Geyer, 493, 495.
[2] Kapitel V: Autour de la condamnation de 1277. Le XIIIe siècle, S. 289–322.
[3] Ebd., S. 302.
[4] Ebd., S. 287.
[5] Gilson, History, S. 385, 408, 465.
[6] Van Steenberghen, Le XIIIe siècle, S. 268.
[7] Ebd., S. 302.
[8] Gilson, History, S. 728.
[9] Van Steenberghen, Le XIIIe siècle, S. 302.
[10] Dicunt enim ea esse vera secundum philosophiam, sed non secundum fidem catholicam, quasi sint duae contrariae veritates. – P. Mandonnet, Siger de Brabant II, S. 175.
[11] Van Steenberghen, Le XIIIe siècle, S. 305.
[12] Der Brief ist herausgegeben von Fr. Ehrle [Archiv f. Literatur und Kirchengeschichte des Mittelalters, Bd. 5, S. 614ff.] und A. Birkenmajer [Beiträge zur Geschichte der Philosophie des Mittelalters, Bd. 20, 5].
[13] P. Glorieux, Art. »Tempier« in Dictionnaire de Théologie Catholique; Bd. XV, 1, Sp. 102.
[14] Les oeuvres et la doctrine de Siger de Brabant [Bruxelles 1938], S. 183.
[15] I. M. Bochenski, Der sowjetrussische dialektische Materialismus [Bern 1950], S. 73.
[16] Le XIIIe siècle, S. 304.
[17] Ebd., S. 305.
[18] Gilson, History, S. 385.
[19] Briefwechsel zwischen Wilhelm Dilthey und dem Grafen Paul Yorck von Wartenburg 1877–1897 [Halle 1923], S. 126.
[20] Gilson, History, S. 408, 465.

XI

[1] Siehe Kapitel IV, S. 83 f.

[2] Necesse est ergo eos de humana, quoniam non est alia de qua possint, natura restaurari. Cur Deus homo 1, 16.

[3] Ebd.

[4] Ebd.

[5] Die in Klammern beigefügten Ziffern beziehen sich auf die Reihenfolge der Sätze, wie Mandonnet [Siger de Brabant II, S. 175 ff.] sie aufzählt.

[6] Gilson, History, S. 409.

[7] Ebd., S. 407.

[8] Copleston, S. 477.

[9] Ebd., S. 481.

[10] In hoc errabant Philosophi, ponentes omnia quae sunt a Deo immediate, esse ab eo necessario. Oxon. Prolog. 1; nr. 8; Opera Omnia [Paris 1891–1895], Bd. 8, S. 15.

[11] Gilson, History, S. 452.

[12] Nihil aliud a voluntate est causa totalis volitionis in voluntate. Oxon. 2, 25; nr. 22. Opera Bd. 13, S. 221.

[13] ... [voluntas] quae est libera per essentiam. Oxon. 1, 17, 3; nr. 5. Opera Bd. 10, S. 56. – In voluntate possumus duo considerare, vel inquantum est appetitus, vel inquantum est libera... Ratio... formalior voluntatis est magis ›libera‹ quam ratio ›appetitus‹. Oxon. 2, 25; nr. 16. Opera Bd. 13, S. 210. – Vgl. Copleston S. 539.

[14] Thomas von Aquin, Sentenzenkommentar 3 d. 1, 1, 3; obj. 1.

[15] Ebd., 3 d. 1, 1, 3; obj. 5.

[16] Ebd., 3 d. 1, 1, 3; obj. 4.

[17] Ebd., 3 d. 1, 1, 3; 3 d. 1, 1, 2.

[18] Böhner, Christl. Philosophie, S. 559, 564.

[19] Gilson, History, S. 465.

[20] Ebd., S. 409.

[21] »Au lendemain des évènements de 1277, l'école franciscaine prend la tête du mouvement doctrinal.« Van Steenberghen, Le XIIIe siècle, S. 306.

[22] Thomas von Aquin, Sentenzenkommentar, 3 d. 1, 1, 2.

[23] ... simpliciter destruere vel annihilare. Reportata Parisiensia 4 d. 43, 2 ad 7. Opera Bd. 24, S. 497.
[24] J. Hirschberger, Geschichte der Philosophie [Freiburg 1949], I, S. 458.
[25] E. Hochstetter, Nominalismus? Franciscan Studies Jg. 9 [1949], S. 396.
[26] Gilson, History, S. 501.
[27] Sentenzenkommentar 4 qu. 9 E.
[28] Centilogium theologicum, concl. 6.
[29] Quaest. disp. de Potentia Dei 5, 4 ad 10.
[30] Ebd., 5, 4.
[31] Quaest. quodlibetales 4, 4.
[32] Gilson, History, S. 470.

XII

[1] Enneaden, I, 6, 8.
[2] Farbenlehre. Didaktischer Teil, Einleitung. Hrsg. G. Ipsen. [Insel-Verlag Leipzig] S. 36.
[3] Es ist immerhin nicht uninteressant, daß es gerade die »modernen«, die »averroistischen« Aristoteliker sind, die des Meisters Lehre gegen die neue Physik verteidigen, »mit viel mehr Hartnäckigkeit als selbst die orthodoxen Theologen«; »philosophisch gesprochen, ist es der Averroismus und nicht die Scholastik im allgemeinen, der ein bloß wiederholender und verholzter Aristotelismus genannt zu werden verdient«. Gilson, History, S. 522.
[4] Die Reihe der im Verlag der Encyclopaedia Britannica 1952 erschienenen, von R. M. Hutchins herausgegebenen Great Books of the Western World [insgesamt 54 Bände] wird in ganz und gar »scholastischer« und, wie mir scheint, pädagogisch hervorragender Weise erschlossen durch zwei umfangreiche Einleitungsbände, betitelt The Great Ideas. A Syntopicon of Great Books of the Western World. Hrsg. M. J. Adler und W. Gorman [Chicago, London, Toronto 1952].
[5] T. S. Eliot, Modern Education and the Classics. Selected Essays [London 1953], S. 515 f.

[6] Die gleiche mehrgliedrige Fügung läßt sich auch am Werke Platons ablesen, dessen Philosophieren gleichfalls auf der Verknüpfung von mythischer Überlieferung und rationaler Einsicht beruht. Wo immer Platon etwa vom Leben nach dem Tode spricht, zum Beispiel in den Dialogen »Gorgias« und »Phaidon«, geschieht deutlich unterscheidbar dreierlei: die einfache Mitteilung der mythischen Erzählung [vom Totengericht]; die »theologische« Deutung dieser Geschichte [Gorgias 524 b 1]; die Zuordnung zu dem für Platon und seine Zeitgenossen gültigen Erfahrungswissen von der Erde und vom Kosmos [Phaidon 108 c ff.]. – Man sieht, daß der Nicht-Christ aus einer viel weiter greifenden Entgegensetzung verstanden werden muß als aus der zum »Mittelalter«.

[7] Thomas von Aquin, Summa theologica, prologus.

[8] Chenu, Introduction, S. 291.

[9] Quia... Mahumetistae et pagani non conveniunt nobiscum in auctoritate alicujus Scripturae, per quam possint convinci... necesse est ad naturalem rationem recurrere, cui omnes assentire coguntur. Summa contra Gentes 1, 2.

[10] Vgl. Josef Pieper, Hinführung zu Thomas von Aquin, S. 209, 216.

[11] Pierre Teilhard de Chardin, Geheimnis und Verheißung der Erde. Reisebriefe 1923–1939. Hrsg. Cl. Aragonnès. [Freiburg-München 1958] S. 45.

[12] Ebd., S. 106.

[13] Vgl. Josef Pieper, Gibt es eine nicht-christliche Philosophie? Weistum, Dichtung, Sakrament [Kösel-Verlag, München 1954] S. 51 ff.

Zeittafel

Es sind ausschließlich solche Daten aufgenommen, von denen im Text die Rede ist.

430	Augustinus stirbt in seiner von den Vandalen belagerten Bischofsstadt Hippo Regius
431	Konzil von Ephesus. Verurteilung der christologischen Lehre des Nestorius. Emigration der Aristoteliker.
480	Boethius geboren, in Rom
493	Begründung des Ostgotenreiches in Italien
vor 500	Vermutliche Entstehung der Schriften des Dionysius Areopagita
525	Hinrichtung des Boethius
529	Schließung der platonischen Akademie in Athen. Gründung von Monte Cassino durch Benedikt von Nursia
540	Cassiodor verläßt sein politisches Amt und zieht sich in das Kloster Vivarium zurück
553	Ende des Ostgotenreichs in Italien
568	Begründung des Langobardenreiches in Italien
571	Mohammed geboren in Mekka
635	Beginn der arabischen Eroberungen [Persien, Ägypten]
668	Theodor, geboren in Tarsos, wird Erzbischof von Canterbury und begründet die klassischen Studien auf den britischen Inseln
711	Beginn der Eroberung Spaniens
732	Karl Martell zwingt in der Schlacht von Tours und Poitiers die Araber zum Rückzug
ca. 810	Johannes Eriugena geboren, in Irland
ca. 830	Hildwin, Abt von St. Denis, schreibt die Vita S. Dionysii
980	Avicenna geboren, in der persischen Provinz Bochara
ca. 1010	Lanfranc geboren, in Pavia
1033	Anselm von Canterbury geboren, in Aosta

1037 Tod Avicennas, in Hamadân

1066 Schlacht bei Hastings. Eroberung Englands durch die Normannen

1079 Abälard geboren, bei Nantes

1085 Befreiung Toledos von der maurischen Herrschaft

1091 Bernhard von Clairvaux geboren, bei Dijon

1096 Hugo von St. Viktor geboren, zu Hartigham am Harz

vor 1100 Arnold von Brescia geboren

nach 1100 Petrus Lombardus geboren, in Novara

1101 Heloise geboren, in Paris

1109 Tod Anselms von Canterbury

ca. 1115 Johann von Salisbury geboren

1126 Averroes geboren zu Cordoba

1126 Raymund von Sauvetât wird Erzbischof von Toledo, Begründer der Übersetzerschule von Toledo

1135 Moses Maimonides geboren, zu Cordoba

1141 Tod des Hugo von St. Viktor, in Paris

1142 Tod des Abälard, bei Cluny

1153 Tod Bernhards von Clairvaux

1160 Tod des Petrus Lombardus in Paris

ca. 1170 Dominikus geboren, in Caleruega [Kastilien]

1180 Tod des Johann von Salisbury, in Chartres

1182 Franz von Assisi geboren, zu Assisi

ca. 1197 Albertus Magnus geboren, in Lauingen [Schwaben]

1198 Tod des Averroes

vor 1200 Jordan von Sachsen geboren, in Borgberge bei Dassel

1204 Tod des Moses Maimonides

1210 Erstes kirchliches Aristotelesverbot in Paris

1221 Tod des Dominikus, in Bologna

1221 Bonaventura geboren, bei Viterbo

ca. 1225 Thomas von Aquin geboren, in Roccasecca

1226 Tod des Franz von Assisi, in Assisi

1237 Tod Jordans von Sachsen, bei Akkon

ca. 1240 Siger von Brabant geboren, im Bistum Lüttich

ca. 1240	John Peckham geboren
1266	Duns Scotus geboren, in Maxton [Schottland]
1274	Tod des Thomas von Aquin, in Fossanuova
1274	Tod des Bonaventura, in Lyon, während des Konzils
1277	Verurteilung des extremen Aristotelismus in Paris und Oxford
1280	Tod des Albertus Magnus, in Köln
ca. 1280	Marsilius von Padua geboren, in Padua
1282	Tod des Siger von Brabant, in Orvieto
1292	Tod des John Peckham, in Canterbury
vor 1300	Wilhelm von Ockham geboren, in der Nähe von London
1308	Tod des Duns Scotus, in Köln
1343	Tod des Marsilius von Padua, in München
1349	Tod des Wilhelm von Ockham, in München

Eine graphische Darstellung der Zeittafel
befindet sich am Schluß des Buches

Register

Abälard 40, 105 f, 108 ff, 120, 131 f, 138, 185, 235, 237
Agapetus (Papst) 56
Alarich 23
Albertus Magnus 29, 65, 104, 149 ff, 169, 182, 238, 239 f
Alexander IV. (Papst) 151
Alexander von Hales 104
Alexandrien 56, 59
Alkuin 24, 59, 66, 68
Allers, R. 233
Amerika 209 f
Anselm von Canterbury 63, 75 ff, 107, 115 f, 122, 129, 185, 232, 233
Araber 139 f, 153
Archimedes 141
Aristoteles 29, 39, 59, 103 f, 137 ff, 142, 168
Arnold von Brescia 112
Augustinus 22, 23, 24, 25, 29, 66, 71 f, 82, 83, 135, 139, 153, 167
Averroes 142 f
Avicenna 142, 145, 153

Baeumker, Cl. 227
Bagdad 142
Barth, K. 91, 96 f
Benedikt von Nursia 19, 34
Bernhard von Clairvaux 106, 112 f, 118 ff, 129, 236
Bernhart, J. 154
Bochenski, J. M. 235
Böhner, Ph. 225
Boethius 23, 24, 34 ff, 61, 73, 82, 98, 107, 115, 137, 149, 160, 167, 185
Bonaventura 13, 51 f, 97, 104, 107, 129, 152, 164
Borst, A. 236

Canterbury 79
Cassiodor 55 ff, 141, 212
Chenu, M.-D. 227
Christliche Philosophie 20, 214 f, 221 f
Cîteaux 118
Cluny 78, 113, 119
Copleston, Fr. 225
Cordoba 142, 143

Dante 42, 119
Dempf, A. 236, 237
St. Denis 66, 108 f
Descartes 17, 18, 89, 91, 97 f, 102, 104
Dilthey, W. 184
Dionysius Areopagita 63 ff, 75, 120, 130, 139, 153, 189, 232, 236
Dominicus Gundissalinus 145
»doppelte Wahrheit« 167, 176, 199
Dreieinigkeit 45, 49 f, 51, 84, 110, 113, 161 f
Duns Scotus 104, 107, 136, 185, 189 ff, 201

Eadmer 77 f, 81, 89 f
Edessa 141
Eliot, T. S. 213

Emigration 140
Ephesus, Konzil von (431) 141
Epikur 23
Erfahrung 123, 126, 155, 157f, 203, 240f
Erschaffung 158
Euklid 141
Ewigkeit 40

Fideismus 99
Fides implicita 117
Forest, A. 226
Franz von Sales 67
»freier Raum« 53, 212f, 229
Freiheit 46, 189ff, 199, 201

Galenos 141
de Gandillac, M. 226
Gaunilo 91, 93f, 97
Geyer, B. 225, 227
Gilson, E. 30, 68, 75, 84, 105, 111, 118, 167, 173, 175, 184, 188, 196, 225, 235
Glorieux, P. 243
Goethe 207, 240
Gordon, G. 227
Goten 24, 35f, 54
Gothein, M. L. 228
Grabmann, M. 30, 114, 136, 226
Gregor der Große 65, 85
»Große Bücher« 209f

Hegel 18, 19, 20, 21, 25f, 91, 94f, 227
Heidegger, M. 38
Heer, Fr. 228
Heisenberg, W. 158
Hellouin (Herluin) 78
Heloise 105f, 108f, 113f, 235
Hierarchie 69f
Hildwin 66
Hippo 23
Hippokrates 141
Hirschberger, J. 244
Historisieren 171f
Hochstetter, E. 244
Horten, M. 238
Hrabanus Maurus 24, 59
Hugo von St. Viktor 129ff
Humbert von Romans 152
Hutchins, R. M. 245
Hypatios von Ephesus 65

Inkarnation 21f, 84f, 162, 198, 201f
Innozenz III. (Papst) 134
Irrationalismus 89
Isidor von Sevilla 131
Islam 143

Jacquin, A. 234
Jaspers, K. 21f
Jaeger, W. 39
Johannes Eriugena 68f, 236
Johannes vom Kreuz 70
Johann von Salisbury 106, 112, 123ff, 138, 140, 160
John Peckham 163ff, 169, 176
Jordan von Sachsen 150f
Justin 22, 116, 167
Justinian 19

Kant 15, 89, 91, 94, 102
Klemens von Alexandrien 22, 116

Kloster 20, 23, 55 f, 57, 213
Koch, J. 227
Kolping, A. 233
Konvenienzgrund 62, 160
Koran 113, 143
Koyré, A. 234

Landgraf, A. 227
Lanfranc 77 f, 79, 233
Langobarden 54, 133
Le Bec 76 f
Leibniz 91, 104
Logik 114 f, 125, 144, 158
Ludwig der Bayer 200
Ludwig der Fromme 66
Lukan 105

Mandonnet, P. 227, 242
Maritain, J. 227
Marsilius von Padua 200
Maximus Confessor 65, 236
Michael von Cesena 200
Mittelalter 17, 27, 111, 208
Möhler, J. A. 56
Monte Cassino 19
Moses Maimonides 143 f
Müller, H. F. 230

Negative Theologie 70 f, 120, 189
Nestorianismus 140 f
Neuplatonismus 23, 154
Newman, J. H. 88
Nikolaus von Kues 74
Nink, C. 234
Nisibis 56, 141

Offenbarung 61, 87, 161, 179, 220
»ontologischer Gottesbeweis« 89
ordo 69 f
Oxford 176, 197
Philosophie 46, 59, 121
Platon 29, 39, 43, 59, 103 f, 117, 121, 231, 245 f
Platonische Akademie 19, 23, 30, 34, 54, 213
Paris 67, 108, 148, 151, 176
St. Patrick 231
Paulus 63, 65
Peter von Conflans 177
Petrus von Candia (Alexander V.) 204
Petrus Hispanus (Johannes XXI.) 174
Petrus Lombardus 130, 132, 133 ff, 137
Petrus Venerabilis 113 f, 119
Plotin 207, 231

Rand, E. K. 228, 229
ratio 51, 72 f, 75, 82, 160, 184, 196
Rationalismus 61 f, 76, 83, 89, 99, 102, 171, 196
»rationes necessariae« 63, 185 ff
Reginald von Piperno 136
Raymundus Lullus 13
Renan, E. 242
Robert Kilwardby 176 f, 183
Roger Bacon 13, 149, 238
Rom 23, 54

Schmitt, Fr. S. 232 f
Scholastik 13, 28 f, 48, 49 f, 62, 84 f, 210 f

Seeberg, R. 237
Sentenzenbücher 130 ff
Siger von Brabant 166 ff, 188, 199, 242
van Steenberghen, F. 148, 171, 173, 175, 178, 182, 226, 242
Stiglmayr, J. 230
Stöckl, A. 173, 226, 227
Stoa 23, 43, 59
Stolz, A. 95
Streitgespräch 38, 183, 218
Stufenlehre 70
Summa 129, 144, 216 f

Teilhard de Chardin, P. 221
Tempier, E. 174 f, 177
Teresa von Avila 70
Theoderich 24, 25, 35 f, 41 f, 54 f
Theodor von Canterbury 231
Theologie 87, 159, 162, 168, 184, 219 f
Thomas von Aquin 14, 25, 48, 52, 62, 65, 68, 72 ff, 82, 85, 91, 97, 99 ff, 116 f, 135, 136, 148, 151 f, 158, 162 ff, 169 f, 174, 182, 195, 202, 216 f, 218, 229, 230, 238
Thomas Becket 124
Toledo 144 f
Traditionalismus 99

Überlieferung 53, 126, 147, 154, 157, 171, 180, 245 f
Übersetzung 33, 36 f, 39, 48, 139, 144 f, 210
Underhill, E. 66
Universalien-Problem 115
Universität 56, 137
Urban IV. (Papst) 148

Verurteilungen (von Lehren) 179 ff
Voluntarismus 191 ff

Wahrheit 161, 172
Weiss, K. 228
Wernle, R. 237
Wilhelm der Eroberer 79
Wilhelm von Moerbecke 238
Wilhelm von Ockham 53, 107, 200 ff, 212
de Wulf, M. 30, 225, 227

Zöckler, O. 237

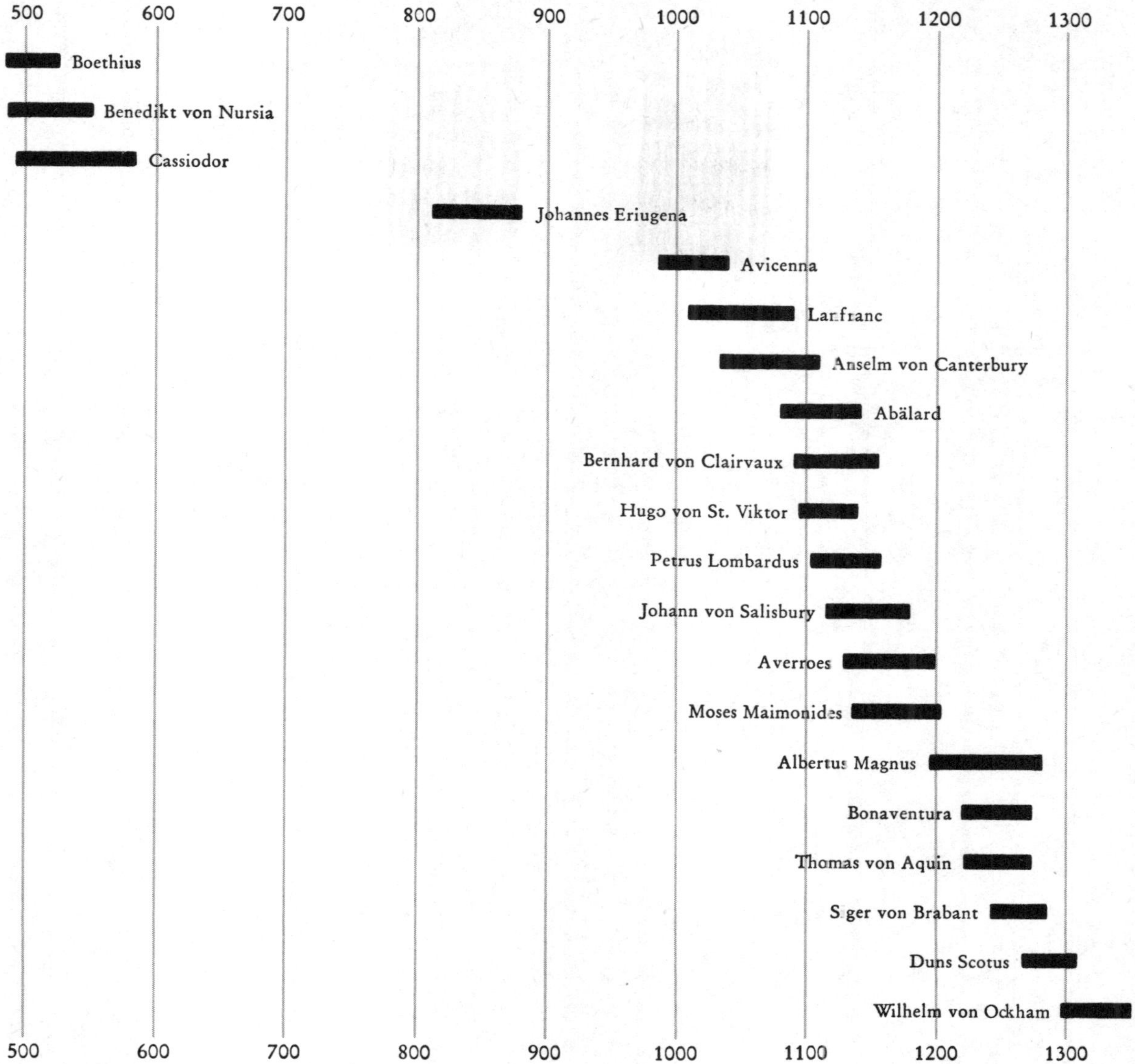
500
600
700
800
900
1000
1100
1200
1300
Boethius
Benedikt von Nursia
Cassiodor
Johannes Eriugena
Avicenna
Lanfranc
Anselm von Canterbury
Abälard
Bernhard von Clairvaux
Hugo von St. Viktor
Petrus Lombardus
Johann von Salisbury
Averroes
Moses Maimonides
Albertus Magnus
Bonaventura
Thomas von Aquin
Siger von Brabant
Duns Scotus
Wilhelm von Ockham
500
600
700
800
900
1000
1100
1200
1300